# 蔣介石的封疆大吏

# 我家大哥盛世才

## 主政新疆12年的事實真象

盛世驥◎口述
歐播佳◎整理

蒙古地方
承化
準噶爾盆地
北塔山
俄
蘇
伊寧(寧遠)
迪化市
哈密
吐魯番
新
疆
星星峽
阿克蘇
羅布泊
玉門關
和闐河
準噶爾盆地
和闐
于闐
喇崑崙山
阿富汗
喀什米爾
西藏地方
巴基斯坦
印度

# 目錄

# 盛世驥序



我是盛世才的五弟，出生於民國前二年（西元一九〇九年）農曆九月三十日，號亦庸。

我的學歷是：瀋陽第一師範附屬小學畢業、瀋陽省立第一初中畢業、南京五三公學畢業、日本東亞日語學校畢業、新疆陸軍軍官學校畢業、蘇聯莫斯科東方大學畢業。

我的經歷有：新疆軍官學校教官兼政治部主任、中國駐蘇聯塔什干代總領事、新疆省邊務處副處長、國民兵訓練處處長、中央訓練團新疆分團少將教育長、參政會參政員，國民政府軍事委員會侍從室侍從武官、台灣台北縣私立玉山中學校長。

大哥盛世才主政新疆十二年，新疆的政局發展千變萬化，由於許多事務關係到國際之間及各黨派的利益，內容錯綜複雜，撲朔迷離。即使曾在新疆任過一官半職的官員，如果沒有參與決策過程，也難窺究竟。多數的人只知其一，卻不知其二。更有些內地人士捕風捉影，寫了幾篇文章，便以為熟悉新疆事務，瞭解大哥。殊不知坊間一些有關新疆及大哥的文章，有不少是人們的揣測之詞和毀謗之言；就連近代史的研究者，也僅僅整理文字資料的論述，再運用經驗法則來判斷，所論述的新疆歷史，則與事實有相當的差距。

嚴格說來，新疆事務只有大哥和蔣介石最清楚，然而逝者已矣，無從追問。我曾任大哥的侍從翻譯，由於大哥不懂俄文，督辦公署雖有翻譯室，各樣翻譯人才濟濟，但是有些議題內容牽涉敏感，為了不必要的干擾，新疆許多重要會議，大哥都指定我去參加，所以我是大哥與蘇聯來往期間的溝通橋樑。因此，新疆實行親蘇政策中的許多機密，只有我最清楚。同時我更是大哥與中央往來的密使，新疆在反蘇階段，大哥委任我到重慶見蔣介石，將新疆的現況和難題向中央直接報告。每每我到重慶，蔣介石不論多忙，都會接見我。所以，有關大哥回中央的原由，我也最瞭解。如今有關新疆事務的種種，只賸我一人還能道個明白。

大哥是在民國十九年來到新疆，我則在民國二十二年左右，到新疆讀陸軍軍官學校，不久，馬仲英圍城，迪化城情勢十分危急；那時，我雖是一名學生，也要拿起槍桿子抗敵；不久蘇聯紅軍前來打跑了馬仲英，迪化城才平定下來。之後我便到莫斯科東方大學讀書，民國二十六年畢業歸國後，便一直跟隨在大哥身旁做事。

大哥受史達林的影響極為深遠。最初在日本求學期間，他對共產主義和當時的人一樣有分幻想，認為共產主義可以打破階級觀念，解放人民於水深火熱之中。當時史達林的領袖魅力成爲全世界注目的焦點，威權有力，效率卓著，領導蘇聯從貧困中脫穎而出，躍升世界强國的行列，這便是强而有力的鐵證。大哥學習史達林統領蘇聯的方法，學習蒐集情報和採取祕密行動；學習尊重公開的遊戲規則，但必要時他會保守機密；他更學會如何運用權力，如何「防患於未然」。總之，機警、敏銳、果斷是大哥的行政特質。

大哥在新疆期間，有效地提高新疆人民的生活水準，他全心全意建設新疆，新疆在他的領導下，也展現了新的風貌，成了關內百姓夢想的新樂園。當然，其中蘇聯居功也不小。親蘇的政策帶給新疆無限生機，同時也帶來危機。與蘇聯來往期間，我們的外交手腕在一來一往中，被訓練的有長足的進步：有時我們會公開討價還價，有時我們會祕密協商。而「不公開」也成爲政治上的一種戰術，雖說政策必須公開宣佈，並接受中央和大衆的嚴密監督。但在現實環境裡，公開反而會讓政策本身受到破壞。爲了保持政策順利執行，新疆許多事務的運作都不主動對外宣佈，遂造成中原人士的誤解和猜疑，實因衆人不解新疆局勢的險惡所致。

大哥對史達林建設蘇聯的雄心感佩不已，然而我個人對蘇聯的評價並不高。因爲未到莫斯科之前，我受共產學說及大哥影響，對蘇聯抱持高度期待；去了莫斯科之後，才知道期望越高，失望也越大。雖然莫斯科街上到處興建高樓大廈，軍事工業也日益强大；可是，老百姓的生活並不好過，連購買日用食品都要排隊。我認爲史達林只求事功，並非眞正關心百姓。他有一股强烈的征服慾，從莫斯科地下鐵的營造即見端倪。當莫斯科的地下鐵舉行通車典禮，我們東方大學的學生也應邀參觀，地鐵的規模宏偉，設計不凡，簡直可以用「富麗堂皇」來形容。史達林只在證明蘇聯樣樣都可以成爲全世界第一，在老百姓尚未溫飽之前，這個舉動除了炫耀外，我不知道華麗的地下鐵還有什麼意義？

我開始對蘇聯這個國家起反感，是在一次偶然的機緣裡，無意間闖入學校一間「東方新疆研究室」，看到一幅地圖後，我對蘇聯就沒有什麼好感了。

這間研究室裡掛了一幅大地圖，這地圖與衆不同，地圖上居然把西藏、新疆、蒙古、東北各地以不同顏色標示出來，中國只剩下內地十八省了。看了這幅地圖，我才明白蘇聯眞正的野心，他們想把新疆從中國獨立出來。那是我大三下學期看到的，以後，我便不怎麼上課，只在打混。他們要我加入共產黨，我不是找藉口，就是拖時間，蘇聯當局彷彿也知道我不喜歡他們的組織，但由於我是盛世才的弟弟，他們對我還算客氣，並沒有逼迫我。因此，自始至終，我沒有加入共產黨。

我曾對大哥說了地圖這事，大哥聽了，只點頭沒說什麼，新疆照常執行親蘇政策，大哥是主事者，他自有他的考量。但當大哥反蘇時，我全力支持，並擔任國民兵訓練處處長，帶領國民兵駐守老滿城，防備蘇聯的一舉一動。那時，國際風雲詭譎多變，大哥在惡劣的環境下，他憑藉卓越的手腕，終於克服萬難，使蘇聯不敢對新疆用兵。

坦白說，大哥確實是一位傑出的將才，有勇有謀，更有不屈不撓的精神。可惜的是，大哥自律太高，律人也嚴苛，水清無魚的效應，使他不適合做一位政治領導人。大哥曾留學日本兩次，日本法治觀念盛行，官員操守清廉，深深受其影響，從他治理新疆處處要求「法治」和「清廉」可以看得出來。大哥行事積極果敢，求效率，重事功，鄙視消極頹廢，最痛恨貪官汙吏。因此，大哥的行事作風，給部屬造成莫大壓力。以往因新疆地屬偏遠，在此當官輕鬆愉快，自從大哥主政以後，在新疆爲官則要戰戰兢兢，鬆懈不得。

新疆曾發生幾次陰謀暴動案和蘇聯陷害案，大哥逮捕了許多人，也有不少人被處決。要明白新疆民族雖多，老百姓卻普遍單純。新疆情勢之所以複雜，主要還是因爲各方勢力介入的關係，中央、中共、俄共、英、日等國都想在新疆爭權奪勢，遂造成不少案件。案件的刑責有些是新疆審判的，有些則是中央審判團來新疆審判的，其中許多案件是蘇聯陰謀策動的，所以牽連的人數相當廣泛。雖然如此，新疆政府因爲有嚴密的情報系統，往往在暴動未爆發前，都能先發制人，取得主控權，使得案件都能控制住，事態不致擴大。

大哥殺人是事實，但他絕不濫殺無辜，處決人犯都是有憑有據，當時國際間、各黨派間的權力鬥爭，手段都相當奸詐，大哥爲因應險惡的局面，不得不採取嚴厲的逮捕手段，並雷厲風行，絕不講情面。以致因爲政治理念不同而下獄的人，不計其數。面對當時政治的險惡，我們也眞的是無可奈何啊！

一些曾在新疆入獄的人們，在事後紛紛寫文章攻詰大哥，在文字之間充滿怨氣、憤怒，說大哥是「殺人王」，說他「治新十年，十萬人頭落地」，這些人要爲當年入獄所受的苦，抒發不滿的情緒，他們的心情可以被理解，也因這樣情緒的影響，使得文章內將事情誇大其實，造謠、毀謗的言論處處可見，使得大哥的名譽深深受到傷害。所謂「治新十年，十萬人頭落地」就不符合現實狀況，試想：當時新疆四百萬人口，漢人僅有三十萬，管理者多爲漢人，人才嚴重不足，正是大哥治理新疆最大的困擾，他怎麼可能殺掉三分之一有用的人才。

另外，張大軍在《新疆風暴七十年》第九册中列出因陰謀案被處死的名單，共三六六名，其中將許多回東北的人或活著的人，也被列入，例如：王子清、劉斌、姜作周、陳漢生、盧毓麟、吳永海、哈玉艮等人，顯然這是揑造的數據。雖然我對新疆政府眞正處決政治犯的人數，並不十分清楚，相信新疆政府的檔案裡會有紀錄的。因此提醒研究新疆史實的學者專家們，運用這些處決名單時應當更小心求證才是。

我們盛家曾因大哥的原故，遭到各方的謾罵和毀謗，大哥生前也曾力辯過，但在那個年代裡基於現實的牽制，大哥無法把事實的來龍去脈一一道明，他只能陳述事情發生的始末，但無法說明事實底層的眞象，另外。中央也做出許多動作，致使大哥無法暢所欲言，使得我們在那個時期不得不默默承受指責和誣蔑，不是無力辯解，而是時不我予。如今，我並不想爲大哥的所作所爲辯護，過去的都已經成爲歷史，我只想爲那段鮮爲人知的歷史，記錄下一些事情的片段，說明事實的眞象。

我是走過近世紀的一個平凡老人，以前，我沒有機會說；現在，政府的政策開放，時代也變了，我可以直言講述，由於年紀大了，有許多事件的時間無法記清外，其他的內容我負全部責任。如果有人質疑這段歷史的種種，我願意當面接受對質，歡迎大家共同來研討當時的新疆歷史，還給歷史一個眞象。

# 一、我家大哥

盛世才，是我家大哥，有五個弟弟（包括小六子），兩個妹妹，我排行老五，和大哥相差十八歲。我的曾祖父盛福信本是山東獵戶，因山東謀生不易，在清末闖關東的浪潮中，便到關東來打獵，遂移居東北。所以，我們老家在東北遼寧省開原縣盛家屯，祖籍則是山東。

狩獵生活倍嚐艱辛，餓一頓，飽一頓不說，逐獸遷徙的漂泊感，生活的不確定性，讓人惶惶不安。於是，從我祖父盛寶棟治家起，盛家就不再靠狩獵維生，改行替人打短工。祖父有三個兒子，長子盛振甲（我父親），次子盛振鐸，三子盛振林，在祖父的帶領下，三個兒子墾荒地，犁地耕田；到父親輩，盛家終於以耕農爲業。當時清廷有個規定，凡屯居關東的漢人都得入旗籍，我家自然不例外，於是便有了「漢隸旗籍」的記載。

盛家屯的地理位置靠山臨河，山是向陽山，河是柴河，視野寬闊，風景秀麗。盛家屯不大只有七八戶人家，幾乎都是自家親戚。鄰近還有黃家屯和于家屯，其中黃家屯稍具規模也

• 盛家屯全景

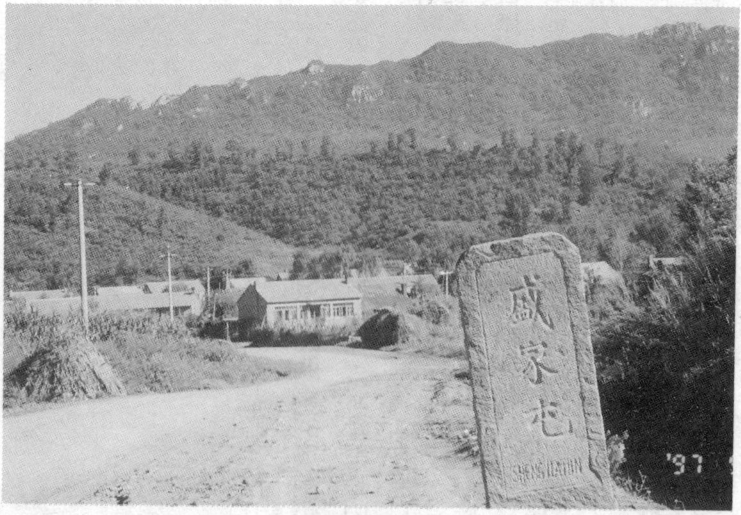


• 盛家屯路口

富裕些。

自父親、二叔、三叔陸續成婚後，盛家逐漸變成一個大家庭，祖父年紀大了，覺得祖墳塋地太小，於是，父親找來風水先生，在盛家屯上方選了一塊居高臨下的地，把祖墳遷移此處。那時風水先生告訴父親說：

「這塊地是龍穴，將來子孫必出頭。」

這當然是風水先生的生意經，卻是當時老百姓普遍的夢想。但夢想歸夢想，生活的現實還是很殘酷的。

•父親　盛振甲

由於曾祖父、祖父不曾受過教育，目不識丁，連鈔票面額都不認識，經常受人欺騙。祖父爲了出口氣，花錢讓父親到私塾唸書。父親在私塾讀過三年經書，成了鄰里少數識字的人物。閒暇之餘，他喜歡講《三國演義》的故事給大家聽，諸葛孔明被他說的神靈活現，所以村里老少都愛聽他說三國。加上他生性耿直，好打抱不平，凡村里有難解之事，往往請他排解，漸漸在地方上成爲說話較有份量的長者。他人緣極佳，只有備妥好酒、好茶，每請必到。後來父親受新文化影響，對教育展現無比熱忱，更致力推廣，曾做過甲長及鄰村黃家屯小學的校董。

母親安景鳳，是于家屯的姑娘，自從嫁進盛家，相夫教子、操持家計、服侍公婆、照顧小叔。除了操持家務外，晚上還要紡紗織布，長房媳婦的重任使她成為全方位的女性——勤儉、刻苦、能幹、聰明。母親的愛，使我們在惡劣的生活環境裡，依然茁壯有成。

• 母親　安景鳳

民國前十九年（西元一八九三年）農曆十二月初六日，大哥盛世才出生。由於大哥是盛家的長孫，備受爺爺奶奶的疼愛，直到五年後，二哥才出生，大哥獨享五年一人專寵，之後其餘的兄弟姊妹便依續報到。

那個年歲裡，社會到處充斥飢、荒、兵、匪、官、紳，鬧得人民不知所措，地處偏僻的開原縣也難逃厄運。盛家屯雖不鬧兵匪，但最大的災難卻是土豪劣紳不斷地敲竹槓，居民苦不堪言。父親曾分析盛家屯常被騷擾欺負的原因，就是盛家屯缺少當官的人，如果盛家屯能出一位做官的人，有權有勢後，就不會受人欺負了。

「做了官，誰敢再來敲竹槓？」這是種莊稼的父親常說的話，也間接表達他對現實生活的無奈感。

父親在大哥很小時，便送他進私塾讀書，大哥七歲時已將《論語》、《孟子》、《中庸》、《大學》背誦無遺。有一天，夫子對父親說：

「您這個兒子資質佳、稟賦高，極可造就。」

父親燃起了希望，他要栽培一位當官的兒子。然而栽培一個人談何容易，當時家裡的經濟情況並不寬裕，全家族的人力物力都必須放在生計上，才能勉強維持基本生活，哪裡有多餘的金錢和時間來栽培一個小孩讀書呢？對此二叔有些微詞，他說：「讀了書不一定保證有官做？」但無論如何，父親還是不放棄希望，堅持讓大哥讀書，甚至外出求學，雖然讀了書，官不一定能做得成；但不讀書，盛家永遠無翻身之日，將世世代代受人欺負。

大哥十二歲讀畢五經，結束了私塾的學習生活，奠定了厚實的國學基礎；後來進入西豐縣初等小學讀書，又到瀋陽第五高等小學，小學卒業後便考入遼寧第五中學。

大哥從小就知道家境的艱難，父親的苦心和家族的期盼，在課業上始終保持優異的成績。父親為了栽培大哥，犧牲了二哥及三哥求學的機會，只讓他們在私塾讀書，二哥世英放羊、三哥世駿耕種，來補貼家計；父親何嘗不願讓所有的子女都能受教育，然而家貧無力，不得不犧牲其他子女的教育權利。

大哥十二歲（西元一九〇五年）那年，光緒皇帝廢除科舉考試，科舉希望破滅了，父親極為失望，但現況如此又無可奈何。科舉考試沒有了，讀書為官的路子似乎在此就要打住，叔叔們希望大哥學點買賣，好貼補家用。

三叔說：「讀書就是為了識字，既然識了字，就該學點買賣！」

二叔說：「能認得鈔票上的字最要緊，不要被人騙了，書讀那麼多，作啥！」

對大哥而言，傳統為官之途雖然已經斷絕，他仍未放棄讀書，即使進入了民國，讀書仍是他的首要責任。他想繼續升學，想到外面見見世面，但這時候叔叔們已經不再認同父親因為栽培一個人，而賠上全家十幾口人的生計的作法。的確，除了大哥，我家兄弟姊妹嗷嗷待哺尚有六位，至於其他家族成員，人數也不少，食指浩繁，生活實在困難。可是，縱然外面的世界變化之快，父親仍不改栽培大哥成器成材的初衷。為此，父親召開家族會議，說服叔叔嬸嬸們，最後他們同意賣田地為大哥籌集學費，讓他到上海求學。

大哥來到上海，就讀中國公學專門部的政治經濟科，中國公學在當時是一所名校，報界名人張季鸞就是他的西洋史老師。許多鄉下孩子初次到上海，往往迷戀上海的十里洋場，最後無以自拔，迷失自我。但自律嚴明的大哥，很清楚自己所肩負的責任，所以面對上海喧麗的聲色，依然不受誘惑，省吃儉用，努力向學。

民國四年（西元一九一五年），大哥畢業於吳淞中國公學。如果是在承平之年，這樣的學歷相當於中舉人，當時人稱舉人為「老爺」，在社會上可是有相當的地位，要官就有官做。可是，在混沌的局勢裡，這樣的學歷沒有一點作用，既不能當官，又不能謀生。眼看社會不斷沉淪，知識份子充滿對國家的責任，一腔熱血，一心救國。讀書報國，是當時最響亮的口號，大哥認為自己年紀小，並仔細分析自己的能力和社會情勢後，他選擇繼續深造。當時，社會瀰漫一股留學風潮，有志之士紛紛前往海外求學。因為他們認為海外是個全新的環境，不同於中國，在不同思維邏輯的刺激下，能開發潛能，遼闊胸中丘壑，務必鍛鍊成時代的好男兒。日本毗鄰中國，是中國革命的大本營，當時的風氣流行到日本讀書，為的是一方面距離短，二方面明治維新後，日本已成一大強國，於是，大哥也決定去日本留學。

到日本讀書，所費不貲，盤纏的籌措，學費的張羅都是難題。當他回東北老家，一提要到日本讀書，立刻遭到叔叔們強烈的封殺，堅持不能再支助了。當時父親也感到十分為難，他萬萬沒想到讀書的花費，竟然這麼昂貴，到上海，要賣田地；到日本，還要再賣田地，這樣一來全家族豈不都要活活餓死！

大哥得知叔叔們的反對聲浪，懊惱不已，他明知家境的難處，但他更認定放棄學業就等於放棄了未來。最後，他哭著跪求母親。

母親問他：「孩子，眞的想唸書嗎？」

大哥堅定地回答：「是的，娘。」母親答應了他，並將他的意願傳達給父親知道。

最後，父親爲了成就大哥的心願，同意家族的意見：若要讓大哥求學，就必需分家。在那個重視家族觀念的年代裡，分家是件何其重大的事件，但爲了大哥，父親也只得忍痛答應他們的要求。

分家之後，父親爲了籌措大哥赴日的旅費及學費，把部分田地變賣，母親也將自己的首飾折現，還有大哥的同學張元夫，由於他的經濟條件好，也資助大哥不少盤纏。在千辛萬苦中，民國五年（西元一九一六年），大哥終於踏上日本的領土，考入日本明治大學政治經濟科，研究政治經濟學。

去日本前夕，大哥奉了父母之命，完成終身大事，元配是胡氏。在大哥到日本期間，大嫂在家替代了大哥，服侍公婆，照顧我們，也下田幹粗活。每到晚間，我們小孩全窩在炕上，等著大嫂講故事唱小曲，等我們一個個睡去，大嫂爲我們蓋好被子後，又去幫母親紡紗，我們全家都喜歡大嫂。至今，我依然不能忘懷兒時的這一幕。然而這段婚姻很快就結束了，只因大嫂的老爸好賭，以爲大哥常年不在家，沒什麼指望。爲了貪得另一筆聘金，由不得她反對，硬是把她嫁與他人。大嫂不得已，最後哭著嫁人，遠在日本的大哥也沒法子，只得任由這段婚姻就這樣草草結束了。

在我玩耍的年歲裡，大哥在我們兄弟姊妹的心中，遙不可及，每當他從外地回來，我們都會在門外偷偷地看他，看他的穿著，看他在屋裡和大人們說話的模樣，他那溫厲的態度簡直像個長輩。有時，他會帶糖果回來給我們吃，我們都把糖果當個寶藏了起來。每每我們和大哥說話都規規矩矩，調皮的我也不敢在他面前造次。

大哥是日本明治大學肆業的，那是因爲民國七年（西元一九一八年）十一月上海工人事件，引發學生的愛國情緒，東京留日學生也受此風潮影響，決定回國抗議。大哥愛國不落人後，做事又積極，被留日同鄉推爲同鄉會代表，返滬參加全國學生總會。當時國內變亂紛呈，國家積弱，大哥深感要拯救中國，徒託空言，於事無補，鑑於救國必依靠武力，非改從軍事不可，於是決心棄文就武。當其他同學參加全國學生總會組織爭取回收青島運動時，他不顧回國的原意，毅然奔往廣東，參加雲南主席李根源主辦的雲南講武堂韶州分校。

# 二、習武歷程

民國七年（西元一九一八年）十一月十一日，德國宣佈停戰，第一次世界大戰偃旗息鼓，和平年代即將來臨。然而中國北洋政府的腐敗無能，居然讓列强在中國予取予求，主權不能擁有，百姓得不到保護，中國的卑弱，對時局的嗅覺敏銳，又熱情洋溢的中國知識份子而言，要比其他人更覺得屈辱，因爲他們眼睜睜看著自己的國家遭到無情的蹂躪，可是救亡圖存，又談何容易！在槍桿子出政權的環境裡，拿不起槍桿，心性不夠凶狠的人，是不可能改變現狀的。軍閥的霸道，列强的强權，即使文質彬彬、滿腹經綸的飽學之士也無力濟世。讀書人所學何事？現實的殘酷，令人氣餒，讓人憤恨。大哥看清時局的無奈，決定棄文習武，一切歸零，從頭學習。

「棄文習武」，是多麼簡單的字句，對大哥而言卻是極端痛苦的抉擇，尤其在日本的學業即將完成之際。如果沒有理想，缺乏毅力，誰肯做下如此痛苦的決定。這次，大哥沒有和父母商量，下定決心給自己幾年的時間，進軍校學習成爲一位軍人，只因國家需要軍事人才。投筆從戎，是當時青年學子愛國最直接的表達方式之一。有人直接從軍，在部隊接受磨練；有人進軍校，接受嚴格的軍事教育訓練。大哥選擇後者，到雲南講武堂詔州分校，接受正規的軍事教育，因爲他具有鄉下淳厚的本質——腳踏實地，苦幹實幹，所以要成爲一名軍人，也要做一個根基紮實的軍人。

韶關滇軍講武堂，是由粵贛湘邊防督辦李根源兼充校長，在當時是一所頗具聲名的軍事學校。大哥考入講武堂分校第二期步兵科，他意志高昂地在軍校展開新的軍事學習生活。步兵科教育著重步兵的指揮和戰鬥教育，兩年的軍校生活，規律而嚴謹。粵贛湘邊防督辦公署參謀郭松齡，當時也在講武堂兼任教官。

那些年，中國到處都是戰爭，大大小小的爭戰不斷。各省各地都有軍閥，他們爲了爭奪地盤而互相殘殺。可惜，這些軍閥很少戰死沙場，受苦的永遠是賤如草芥的老百姓，要如何終止這樣的生活型態？是順應？還是扭轉潮流？而一個學生到底能做什麼？示威遊行，高呼口號，能改善社會多少？大哥常想這些社會問題，往往不得其解，只有充實自己，盡量學習吸收，使自己成爲一個發光體，不讓重造中國的念頭消失。軍校兩年的學習，他不斷加强自己的學識，鍛鍊自己的體魄，他的努力認眞，贏得校長李根源對他的重視及愛護。

民國九年（西元一九二〇年），大哥從軍校畢業，返回東北，由李根源校長推薦到郭松齡麾下，擔任一名排長。郭松齡是在直皖戰爭後，東三省增編軍隊時回到東北的，他與張學良是拜把弟兄，張作霖特聘他任第八混成旅旅長。

郭松齡是一位標準的軍人，剛正不阿、生活嚴肅、不貪污、不吸煙、不喝酒、不收禮、不做壽、不納妾；好讀書，勤學習，即使在軍務繁忙之際，也不忘讀書。他的生活規範成了軍旅中上下效法的典範，軍隊中的風氣爲之丕變。郭松齡治軍極爲嚴謹，戰術高明，也在東三省講武堂任戰術教官。當時東北軍可算是中國最有紀律、最會作戰、最優秀的軍隊。

大哥在郭松齡的調教下，在軍隊中做最實際的訓練，應用所學，發揮才長，因而頗受郭松齡的器重，不久升任東北軍第八混成旅中尉連附。

大哥學成回到東北，在那個時代裡，雄姿英發的軍人，常爲衆人注目的焦點。霎時間盛家屯因出了一名傑出的軍人，而聲名大躁。這時最高興的莫過於父親。長久以來爲了培植大哥成器成材，全家瀕臨挨餓的邊緣，也曾引起旁人的訕笑，但絲毫都沒有動搖父親對大哥的信心。終於，大哥風光的回來了，他把薪餉全拿回家來，大哥總算沒有辜負家人尤其是父親的期許，讓父親長時間身心上的辛苦，換得甜美的果實。

大哥知道全家人爲了栽培他，吃了不少苦頭。他敬佩父親對教育有高瞻遠矚的認識，所謂讀書才有知識，有知識才有力量。他學成回鄉後，負起養家的重擔，盡力改善家裡惡劣的經濟環境。其中他無法彌補的虧欠，是二哥、三哥為了他而喪失繼續求學的機會，如今他們也長大成人，娶了媳婦成了家，大哥也只能在能力之內，為他們做一些事。如二哥三哥想到外面見見世面，大哥便把二哥介紹到郭松齡的北大營裝甲車隊，學習機械修理技術，並任瀋陽陸軍汽車隊隊長；三哥也到北大營學習。四哥和我年紀小，大哥把我們帶到奉天（瀋陽），供我們讀書。我和四哥就讀瀋陽第一師範附屬小學，後來大姐也來和我們一起讀書。

此時，胡氏大嫂已經改嫁，大哥孤家寡人一個，獨身的他，自然成為說媒的最好對象。郭松齡有位義女，名叫邱毓芳，是張作霖的衛隊團團長邱宗濬的第二個女兒。郭松齡與邱宗濬相交至深，郭松齡夫婦無子，將邱毓芳視為己出。邱毓芳畢業於瀋陽第一女子師範學院，是個思想前衛女性。她在家中排行老二，上有姊姊，下有弟弟，是家中最能幹的女孩，從小操持家事，會讀書，全不像嬌生慣養的千金小姐。大哥與邱毓芳相差十歲，在郭松齡夫人的撮和下，兩個人於民國十年（西元一九二一年），在小河沿明湖春餐廳結婚，由郭松齡證婚。

在瀋陽就讀第一師範附屬小學期間，我和四哥都住校，只有假日才到大哥家。大哥常像嚴父似地對我們說：「要想將來有出息，就要勤讀書，還得下苦功才行。」他常常檢查我們

• 大哥及大嫂邱毓芳及其最小女兒克文攝於南京

的作業，確實督導我們的學業。四哥很聽大哥的話，學習一向認眞。我嘛！則貪玩些。

邱家在東北是顯赫之家，我們盛家只不過是鄉下的農戶，而大嫂並沒有感染上大戶人家的驕縱氣息，瞧不起我們家人及親戚，反倒很照顧我們，除了常常對我們噓寒問暖外，衣服破了，她會幫我們縫補，也常做些好菜給我們打牙祭。邱老夫人更對我們更是百般疼愛，冬天到了，會爲我們準備大棉衣禦寒。另外，從老家來奉天的親朋好友，他們也熱情招待。二嫂三嫂的生產，都是大嫂陪同前往醫院。

時局天天在變，民國十年（西元一九二一年）底，梁士飴組閣，得到張作霖的支持，卻遭吳佩孚强烈反對，張、吳兩派人馬暗自較勁。張作霖遂派大哥到四川、湖北等地聯絡劉湘、孫傳芳起兵一起反對吳佩孚。大哥這趟西南之行，順利地完成了任務，雖然遊說未果，但大哥的膽識、口才讓張作霖留下好印象。回東北後大哥繼任東三省鎭威上將軍衞隊團的連長及公署少校、中校參謀；也參加郭松齡在奉天北大營領導，彭昭賢和彭筱秋籌辦的軍官教育班內受訓；還入東北講武堂附設教導隊軍官第一期，成績極爲優異，東北當局一致認爲大哥是不可多得的人才。

當時張作霖銳意整軍，需要儲備人才爲他效力，於是選派少壯軍人出國留學，大哥即由郭松齡推薦，在張作霖的認同下，於民國十三年（西元一九二四年）被保送至日本陸軍大學

• 民國14年於演習時與日本陸軍大學同學合影

中國學生隊第四期，鑽研軍事方面的學問，大哥留日期間所有的費用均由東北當局供給。

這是大哥第二次到日本留學，上次是名文科生，這次是武科生；上次學政治經濟，這次學軍事教育；上次是自費，這次是公費。身分不同、科目不同、待遇也不同，然而大哥學習的心態卻是相同：努力、用功、積極。此時大嫂也隨夫到東京，並就讀東京日本女子大學學教育。

當時，知識份子談馬克思、論共產，蔚爲風潮，尤其在蘇聯提出「無產階級專政」、「消除階級，解放人民」這樣聳動的口號之後，從莫斯科到東京，歐洲和美洲，世界各個角落，工廠裡、礦坑裡、貧陋的街巷裡；不分勞工、農人、知識份子，大家都熱烈地討論，從俄羅斯傳來救世的福音。那時在東京有不少東北同鄉，他們常聚在一起研究馬克思主義，其中有的是聯共黨員，有的是參加共產黨的外圍組織，如何語竹、宋伯翔（宋念慈），王立士等都是聯共黨員（蘇聯共產黨），他們都是一羣積極的革命份子。

「無產階級專政」，這口號相當響亮動人，意味老百姓不再受剝削，階級的不平等將被打破，人民可以出頭了，這是個多麼美好的遠景，知識份子在討論之後，紛紛相信這是帖救國的良藥，並都變成馬克思主義的虔誠信徒，個個沈溺在共產的意識型態中，他們一次又一次地反誦這些口號，好像學習一個新的語彙。然而在日本，研討共產主義是個非法行爲，但日本政府也無法遏止這股風潮。大哥當時並沒有加入共產組織，卻在思想上深深受到衝擊，對共產黨有分幻想，導致日後大哥在新疆期間與蘇聯的往來密切。

大哥到日本後，東北內部發生重大變革，張作霖所領導的東北軍，新舊派系因主張不同傾軋日益嚴重，兩派明爭暗鬥已久，並到了壁壘分明的地步；新派主張閉關自守，杜絕日俄的侵入；舊派堅持進軍中原，親日抗俄。郭松齡屬新派，不贊成張作霖進關參加內戰，認爲參加內戰只會勞民傷財，毀損東北元氣而已。他主張在擾攘不安的時期，東北應閉關自治從事建設工作，以期改善人民的生活，杜絕日俄的覬覦。然而張作霖素來志在中原，再加上楊麟閣等人在旁煽風點火，進軍山海關的規模一次比一次擴大。郭松齡爲了徹底反對內戰，實踐自己的主張，決定發動政變。郭松齡因得張學良的信任，所有奉軍精銳勁旅，均歸他掌理。他在天津拍發反張作霖的通電，要求他下野。當時郭軍銳不可當，直驅瀋陽，一口氣抵達距離省城不到二十公里的白旗堡。

郭松齡在白旗堡逗留了三天，他原本可以直攻省城，如今卻在白旗堡停了下來，不是兵力不夠，而是爲了誠信問題。張作霖是他的老長官，他不願以下犯上，傷人性命，遂給老長官三天的期限，只要張作霖交出兵權下野，郭松齡便保障他的身家財產安全。張作霖眼見情勢不妙，除了痛罵張學良引狼入室外，即積極地尋求日方的協助。郭松齡也積極請求日方的成全，只要日方不出兵協助張作霖，政變就會成功。沒想到爲了誠信，三天的等待卻逆轉了整個局勢。張作霖得到日軍的支援，第三天，日軍向白旗堡開砲，這是日軍評估整個東北情勢後，認爲幫助張作霖比幫助郭松齡較有勝算在握，此外郭松齡一向是反對親日的。當日軍全力支持張作霖反擊，郭松齡的政變就注定失敗了。

郭松齡領頭的政變，從民國十四年（西元一九二五年）十一月二十三日起，到同年十二月二十四日止，僅僅一個月，旋告失敗。事後，張作霖可不念情誼，他痛恨郭松齡發動政變，讓郭松齡夫婦受到非人道的待遇，他們雙雙被釘在車廂板上，遊街示眾後，就地槍決，並在小河沿曝屍三日。

這次政變大哥也參與其事，在發動政變前夕，郭松齡曾到日本找大哥密商；政變一發生，大哥便奉命祕密回國，也打了幾場勝仗。那知道因郭松齡顧念長官之情，一時之仁，不但壞了大事，也送了自己的性命。當政變失敗後，情勢已失，到處是日本鬼子，搜捕極爲嚴密，甚至是到了滴水不漏的地步，這是因爲張作霖下令對此次政變相關人員，務必斬草除根，一個也別想逃走。大哥當然是通緝的要犯之一，只要他在東北一天，隨時會變成張作霖的囊中物，下場之淒慘，由郭松齡處可見一斑，所以逃離東北是唯一的生路，就在千鈞一髮中，他佯裝火車工人，在火車頭填煤，逃過搜捕，通過檢查，安全回到日本。

有人會納悶：當時張作霖佈下天羅地網，任誰也插翅難飛，大哥爲何能逃過嚴密的搜捕？其實，大哥之所以躲過張作霖的捉拿，也是在日本人的幫助下，才逃過一劫。說穿了，幫助大哥不過也是日本當時的策略之一。日本的算盤是這麼打的：幫張作霖打敗郭松齡，是權衡情勢之下的考量，日本方面也不願意郭松齡的勢力完全消弭，好來牽制張作霖，而大哥就是郭松齡方面最有力的後繼者。保住大哥的性命，好使大哥因感恩而聽命於日方，才能達成日方所希望的「中國人牽制中國人」，日方便可高枕無憂，來個漁翁得利，取得在東北的優勢。

製造派系，本是政治舞台常演出的戲碼，戲演的好，觀衆沈迷劇中的動人處，卻遺忘了整齣劇導演的用心。同樣的，政治的鬥爭戲，也常使人看不清眞相，反而會讓我們跟著導演的佈局走，當年的日本對中國就採此一策略。

當張作霖得知大哥溜回日本，氣憤難平，立即要日本陸軍大學開除大哥的學籍，並取消他的公費。當時日本陸軍大學規定中國人進陸軍大學讀書，一定要有軍政要人爲保人才能就學。如今張作霖取消保人的資格，公費又中斷的情況下，大哥立刻面臨被退學的命運。日本陸軍大學的這項規定，不難看出他們的用心，就是要製造派系仇恨。大哥的日本老師，爲了留住這位好學生，便展開遊說工作，讓孫傳芳同意爲大哥作保。後來孫傳芳撤銷擔保，由馮玉祥接替。馮玉祥因受郭松齡的氣節所感，基於愛烏及屋的心理，幫助過大哥一段時間，最後由南京政府的蔣介石接著支助大哥，直至畢業爲止。

郭松齡之死，在知識份子中，無論識與不識，莫不同聲嗟嘆，大家一致認爲這不只是他個人的失敗，實在是東三省人民與國家的不幸。民國十五年春（西元一九二六年），大哥在東京神田區中華留日青年會，爲郭松齡將軍舉行過一次隆重的追悼會。參加追悼會的有中國留日學生，華僑以及日本人，約千餘人。

大哥與郭松齡情同父子，對郭松齡的死，他悲憤莫名，矢志向郭松齡改革反日的遺志邁進，這在日後建設新疆的政策中，可見端倪。

# 三、進出南京政府

民國十六年（西元一九二七年）初秋，大哥自日本陸軍大學畢業歸國。爲了回報蔣介石的支助之恩，所以他一回國，即爲南京政府效勞。

那時正值國民革命軍北伐期間，大哥進入南京政府後，先在賀耀祖部任參謀，後調任革命軍總司令部上校參謀，並兼任中央軍校附設軍官歐洲戰史團教官。民國十七年任北伐軍總司令行營參謀處作戰科科長。北伐成功後，同年十一月調參謀本部第一廳第三科上校科長。

北伐時期，南京政府內部的大學人才極爲稀少，軍事方面畢業者更是寥寥無幾。大哥不僅出身於治軍嚴謹的東北軍，又兩度到日本留學，更是日本一流軍校的畢業生，如此豐富完整的學經歷，在南京政府中應是備受重視的。大哥所擬定的北伐計畫，謹慎又嚴密，使得北伐軍出擊後，捷報連連。蔣總司令希望藉著北伐，結束軍閥割據，統一全國，終止戰爭，大哥則是全力以赴，完成使命。

大哥是一個做事積極，腳踏實地的北方佬。他希望透過工作上的勤奮努力，如同過去在東北軍任職一樣，認眞負責，就會受到長官的重視，一展自己的長才。可是事情往往與願違，當他踏入南京政府初期，同事間欺生、排擠的動作頻頻，他常一笑置之，認爲這是小眼睛小鼻子的人才幹的事，他並不爲意。等到北伐告一段落，南京政府論功行賞時，才讓大哥眞正面對現實環境的殘酷。

大哥强烈意識到自身的努力，根本不受肯定，他反省自己，是不是沒有發揮能力？是不是不夠認眞？他同朋友一起檢討自己的問題。他想如果是屬於自己本身的問題，他可以改變；後來發現問題的癥結點不在他身上，而是南京政府內部的問題。

南京政府內部問題重重。有幾項無法克服的難題橫亙在面前：

**第一、省籍分歧。**

當時南京政府裡地域觀念極爲濃厚，南方人排斥北方人，北方人瞧不起南方人，雙方人馬彼此較勁。南京政府地處南方，政府要員自然多是南方人。大哥是個十足的東北佬，大手大腳的粗獷與吳儂軟語的細膩是格格不入的。在北方人不多的南京政府裡，當然苦受排擠（地域觀念一直到抗戰期間才被打破）。

大哥在南京期間，我在南京就讀五三公學，由大哥供給一切生活費。當時，我僅是一名學生，也同樣感受到由地域觀念，而帶來的强烈排斥感，當時班上的南方人叫我「北方垮子」，我則叫他們「南方蠻子」，由於班上只有我一個北方人，常受欺負，所幸，我的塊頭比他們高大，占了體形上的優勢，打起架來絕不吃虧。如果不是大哥要我來南京讀書，我絕不會到南方來的。

**第二、學歷障礙**。

南京政府內部的官員學歷普遍不高，主要是由於制度不健全，使得高學歷人才數目稀少，在寡不敵衆的情況下，高學歷者在南京政府裡不容易發揮所長，甚至還會被打壓。

**第三、黨籍派別**。

黨派，在南京政府內部的運作是很重要的一環，凡擔任政府要員者，都要加入國民黨。當時國民黨內有左派、右派之爭，各派人馬明爭暗鬥，抹黑、造謠的小動作不斷，大哥看在眼裡，不願淌這些混水，也就沒有意願加入國民黨，那受打壓是想當然爾的事情。

大哥曾仔細觀察南京政府的運作模式，他發現政府內部的關係網路相當複雜，君臣際分乍看分明，層次清楚；然而這上上下下，裡裡外外的關係，交織錯綜，任何人都不可能抽離而獨立。人人都有關係，每一個人也可以無限延伸各種關係，這些關係維繫每一個人的定位。同學關係、同鄉關係、黨派關係，各種關係牽制著整個政府的人事安排。因此搞好關係，建立關係，成了政府人員的當務之急。而大哥是一個外來者，旣沒有同鄉情誼，又缺乏同學關係，更無黨派關係。大哥之所以會來南京政府，主要是因爲回報蔣介石幫助他完成學業的恩情，因爲「盛世才」不過是個沒沒無名的小卒，蔣介石本來可以不理會他，現在居然肯助他一臂之力，完成學業。大哥抱持這樣感恩的心情來到南京，希望提供所學，報效國家。他原本以爲事情就這麼簡單，不幸的是事與願違。他是一個無黨無派的孤客，他等待作大事，派系之爭、人事之鬥的鷸鶉心態，他不予置評，更不屑他們傾軋手段。

其次，就是南京政府官員不廉不潔的弊端。北伐期間，大哥看到南京政府有一個怪現象，就是身爲要員的官吏，一到星期假日，就往歌舞昇平的上海灘歡度假期，彷彿忘記身處戰亂非常時期的事實。張季鸞在民國十九年（西元一九三〇年）十一月十四日〈大公報〉的社論中，曾提及南京政府「不廉不潔者爲常行，而廉潔者反成異事。」的確，貪官汚吏橫行是南京政府腐敗之因。

大哥在日本期間，正值日本掀起改革的左傾思潮時期，共產革命被視爲救世的唯一機會，至於流血流汗，在那個血氣方剛的年歲裡，沒有人把它看得很重要，大家都只是爲了愛國，希望轉變國家的狀況，可以改善老百姓的生活。大哥就在這樣的契機下，接受了馬克斯主義的洗禮。

那時，全世界瀰漫改革風潮，共產主義正被實驗，資本主義導致社會不均的現象頗爲嚴重，老百姓沒有出頭之日，土地沒有充分利用，生活的艱困，使得當時的知識份子紛紛嚮往共產主義。而中國共產黨，最初是由一羣希望救國的知識份子組成，他們因不滿凡爾賽條約，心疼中國長期的積弱不振，老百姓如魚肉，任人宰割，並且受到蘇聯革命成功的激勵。於民國十年（西元一九二一年）夏天，中國共產黨召開第一屆大會，由北大教授陳獨秀、李大釗爲首。

民國十六年（西元一九二七年）四月，國共分裂，蔡元培主張「取消共產黨人在國民黨黨籍」。於是，國民黨開始清黨，態度至爲堅決。在中國共產黨中有些黨員相當優秀，可是難逃殺令，那段期間，南京政府以對待敵人的方式，對待共產黨，暗殺、失蹤是常上演的戲碼，殘忍的手段教人不敢苟同。當時大哥認爲國民黨歪曲了共產主義，他十分同情中國共產黨黨員的際遇，並認爲這不是一個有爲政府應有的胸襟。所以，南京政府的清黨運動，嚴重打擊了大哥對南京政府的信心。

在南京二年，大哥看不見國民黨的改革決心，使他意興闌珊。再加不善與人周旋，遂對南京政府徹底失望，興起離開的念頭。

如果沒有新疆魯效祖的邀約，大哥可能就去雲南了。會去雲南是因李根源的關係，李根源做過北京政府工商部的總長，後來當了雲南省省主席。大哥是李根源的學生，再加上他曾到雲南遊說過，這幾層關係使他想到雲南發展，李根源也竭誠歡迎他前往相助。

其實，大哥最想待的地方就是故鄉——東北。東北易幟後，大哥也隨吳鐵城等中央代表團視察東北？留在自己的故鄉，保衛著自己的家鄉，並曾與張學良會晤，張學良問大哥想不想留在東北？留在自己的故鄉，保衛著自己的家鄉，大哥當然是百分之一百的願意；張學良再問他，如果他留在東北，想擔任何種性質的工作？大哥回答說：「進學校當個教官。」張學良考慮了很久，想到他曾幫助郭松齡發生政變一事，如果他果眞如願成了教官，日後訓練出自己的班底，那自己的地位不就岌岌可危了嗎？所以，最後並沒有應允，大哥回東北的心願遂無法達成。

記得就在民國十八年（西元一九二九年），某日（記不得日子了），大哥到南京政府祕書彭昭賢家裡，碰到魯效祖。魯效祖是當時新疆省府祕書長，那時來南京洽公及尋找軍事和教育專才，以整頓新疆的軍隊和教育問題。魯效祖知道大哥的出身經歷，再經過一番懇談後，他認定大哥是個有理想且有實戰經驗的軍事家，再加上大嫂邱毓芳是日本大學女子學校畢業，也是學教育的，那時正值新疆在整軍經武之際，這對夫婦如果願意去新疆，肯定對新疆會大有幫助。

魯效祖獲得大哥首肯後，極爲高興，以爲幫那時新疆省主席金樹仁找到最理想的人才。他向金樹仁發電文，聲稱：

「物色軍事人才盛世才，現任參謀本部第三科，日本陸大畢業，遼寧人，才學卓越，堪可任用。」

他以爲金樹仁會因此感激他，沒想到金樹仁卻以大哥學歷太高而婉拒。魯效祖接獲電報後，十分惱怒。他哪裡知道在這件事情上，是兩個人的思維角度不同，所導致的結果。金樹仁考慮的是自己政權的安危，只想要聘初級軍事人才，而不是日本陸軍大學畢業的高等軍事人才。而魯效祖考慮的則是新疆正值建設之際，有人才不用，是極爲可惜的。

事實上，眞正拒絕大哥進入新疆的人，不是金樹仁，而是金樹仁的弟弟金樹信，因爲金樹信掌握的是新疆的實質軍權，他害怕有這樣軍事方面高學歷的人，一旦進入新疆政府，會奪去他的實權，所以極力反對大哥進入新疆。但箭在弦上，不能不發，魯效祖因爲面子問題，以辭職爲要脅，說：

「關於聘盛君事，已成定局不能拒絕，該員係日本陸大畢業，久歷戎行，經驗豐富，確係軍事人才，有才不用至為可惜，現效祖諸事難辦，請辭去現職，另選賢能。」

不久，金樹仁即回電慰留，而且遵照魯效祖的意見聘請大哥夫婦到新疆，拒聘風波遂以喜劇收場。所以，如果沒有魯效祖的堅持，大哥是不會進入新疆的。

民國十八年（西元一九二九年）六月，大哥終於如願以償的攜眷離開南京，往目的新疆出。到達北平時正值中東路事件爆發，西伯利亞鐵路不通車，他們只好被迫停留在北平，這一停留就是一年多。這期間，大哥在北平任教北京陸軍大學維持生活。直到民國十九年（西元一九三〇年），西伯利亞鐵路通車後，大哥一行人才順利經由蘇聯到新疆塔城，再由塔城坐汽車到達迪化，時間是民國十九年十月十日。

大哥每次所做的選擇，經常讓人錯愕不已。棄文習武的抉擇，已經令人瞠目，這次又是空間的大跳躍，從南京到新疆，從權力的核心出走，來到遙不可及的邊塞地區。不要說距離遙遠，光聽「新疆」之名，就讓人覺得是個落後的地區。大哥沒有帶一兵一卒，獨自來到戈壁中的一個綠洲——迪化，是什麼力量，讓他下此決心，來到沒有親朋好友，沒有關係的陌生環境，面對渺不可知的未來？大哥在他的《回憶錄》中透露：

「第一個動機是為了開發邊疆，建設邊疆和鞏固邊疆。第二個動機是為了新疆接近蘇聯，有機會看看第一個社會主義國家的實際情形，因為當時我也是一個被馬克斯主義錯誤理論所迷惑的青年人之一，所以極願看看根據馬克斯主義理論建設蘇聯的實際情形如何，以及所謂世界革命導師史達林是怎樣的領導世界革命，以便決定我一生的信仰。」

接近蘇聯雖然是大哥最大的動機，然而另一個鮮爲人知的最大的心願，就是希望藉助蘇聯的力量，讓他回到東北，把日本勢力從東北驅逐出去。

大哥離開南京後，我靠庚子賠款獎學金和大哥同學張元夫的資助，到日本讀東亞預備學校，後來讀研術學館初中部高中部，準備第一高等學校考試，因沒考上改讀師範。民國二十年九一八事變後，我痛恨日本對中國的不恥行徑，不願意待在日本，回國後因東北回不去，只好暫居北平。在北平，首先生活上就產生問題，只好在長安街胡同裡的外語補習班教起日文，以維持生計。那時，四哥盛世騏也從日本東京士官學校騎兵科畢業，在南京南京陸軍騎兵學校任教官一職。

# 四、新疆的常勝將軍

塞外，舉目盡是無垠的大戈壁，砂石碎礫，蒼天穹隆，窈窈冥冥。偶見綠洲綴染翠色，草原片片，牛羊點點，身臨其境，豁然開朗。回首，關山迢遞，跋涉千里，大哥大嫂一來到與中源風光迥異的新疆。先前等待的煩躁，旅途的勞頓，全被塞外美景給撫慰了。

進入新疆省城迪化（烏魯木齊），大哥吃了一驚，這裡透著濃濃的異域氣息。首先映眼成景的是街頭的人們，他們深邃的眼眸、高挑的鼻樑、花花綠綠的服飾、小白帽、花方帽，奇奇怪怪。不來新疆，永遠無法感受什麼是「民族的大雜院」。來到新疆，才知道維吾爾族、哈薩克人、回民等各色民族，已將新疆編織成絢麗的色彩。

頭幾天，大哥大嫂走在街頭土路上，認識一下這個日後生活的環境，放眼望去，馬車、騾車、人力車穿梭其間，偶而有一兩輛汽車駛過，塵土立刻飛揚滿天。沿途要飯的乞丐成羣，此外居然也有不少人公開在街旁對著煙燈吸食鴉片，吞雲吐霧，看看那些人有的形銷骨立，有的面容慘白。最令人震懾的是，軍人赫然也在吸毒的行列裡，看到這種情形，大哥不住地搖頭嘆息。面對這個他深思熟慮後的選擇，大哥有些悵然。

在新疆的時空，彷彿停頓在清朝，還沒有進入民國，一切仍然沿用老制度，連漢人的服飾都延續清朝的模樣。是的，早在清朝同治年間，李鴻章等人就有放棄關外地的主張，只因開闢艱難，歲需兵費達數百萬，清廷財力日絀，無力兼顧西陲，大喊「徒收數千里之曠地，而增千年之漏卮，以爲不值。」他們以爲新疆的戈壁沙漠都是一文不值的曠地，不值得浪費財力來鞏固。幸好清廷還有一位雄才大略的陝甘總督左宗棠，堅決反對李鴻章的意見，他言道：「重新疆所以保蒙古，保蒙古所以衞京師，新疆不固，則蒙部不安……」左宗棠不僅坐而言，還起而行，不惜以近古稀之年出關，率部弭平回亂，並從帝俄手中收回伊犁。新疆坎坷的命運，並沒有因此而得到改善，外國勢力正逐漸介入新疆。蘇聯盤據北疆，英國霸佔南疆，而日本、德國正透過各種管道滲透，新疆，可以說危機重重。他審視新疆特異的風土人情，分析新疆詭譎不安的歷史，更洞察新疆的地理位置極具戰略價值，以及目前所面臨的危機，他知道未來的路要走得很辛苦。

大哥初來新疆最大的考驗，仍是官場上的欺生排擠，甚至遭到新疆當局惡意的冷落。就拿他在新疆的新職來說，在南京他已經是上校參謀，到新疆後所發布的新職卻是中校參謀。

照理說：一般軍職從中原到邊區一定會晉升，大哥到邊塞，不升反降，這在官場上是從沒有過的現象。

新疆當局如此佈局，自然是防備大哥，甚至要他識趣而退，尤其握有軍權的金樹信更是以冷言冷語相向，因爲他自始至終反對他哥哥金樹仁任用大哥。其他同僚們也有樣學樣，並紛紛好奇大哥來新疆的目的：這麼高的學歷，在中原理當有很好的發展，何苦來這邊塞落後地區吃苦呢？因此，冷嘲熱諷，就是大哥初到新疆的家常便飯。面對這樣不友善的環境，大哥早有心理準備，並爲自己罩上堅固的金鐘罩，不爲流言所傷。大哥來新疆懷抱作大事的心態，不計較職務高低，按部就班，奉公守法，認眞工作，不爭名，不奪利。不久，即獲參謀處同仁的好感。漸漸地金樹仁覺得大哥不構成威脅，對大哥也逐漸放鬆監視，進而信任他。第二年，晉升大哥爲新疆督辦公署參謀處上校主任，繼而兼任新疆軍校戰術總教官。唯一不變的是，金樹信的敵意始終沒有減緩，大哥因此時時自我警惕，以免鋒芒外露，招致不必要的困擾。

在軍校授課期間，大哥不僅嚴格要求學生，而且身先士卒，以高超的擒拿格鬥、槍法、偷襲、槍戰等表演示範教授，對戰術指揮、軍事理論、軍事技能也以現代化方式教導學生，更以新穎的教學法，兼以社會及時事研究，引導學生的興趣，做全方位的學習。新疆的學生

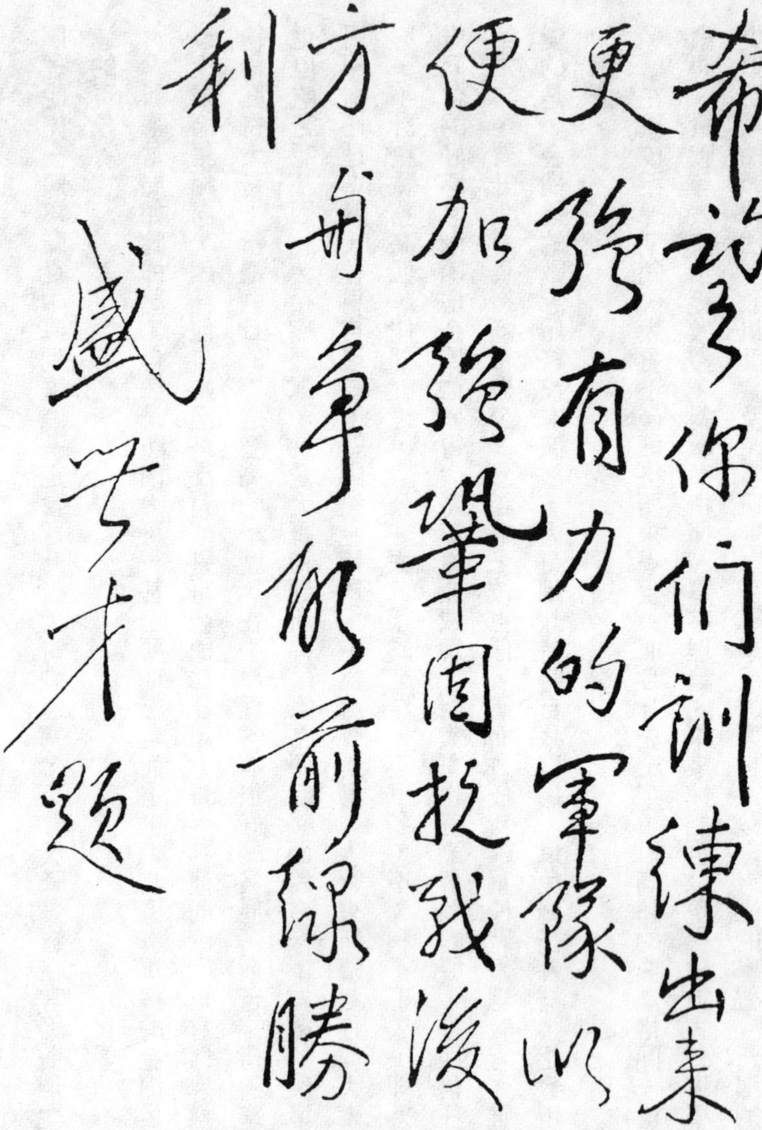

希望你們訓練出來更強有力的軍隊以便加強鞏固抗戰後方爭取前線勝利

盛世才題

• 新疆陸軍軍官學校第 4 期同學錄題詞

久處於精神糧食缺乏的環境下，對大哥豐富的學識和胸襟，由衷歡喜和崇拜。在生活上，大哥很關心學員，和他們打成一片，常常請他們到家裡吃飯作客，談論軍事問題。這些學生從崇拜他，轉而效忠他。

大哥知道身爲領導人必須要有自己的心腹、耳目以及股肱。然而心腹必須是才高八斗的人物，滿腹經綸；耳目必須是沈著冷靜的人物，不隨便說話；股肱必須是無所畏懼的人物，勇猛果敢。有了這樣的組合搭配，才能幹出一番事業出來。然而這些優秀的部下，要如何選擇？人如何知賢而用之？大哥知道諸葛亮、蕭何這類傑出人才都是可遇而不可求。他認爲優秀的部下非實施訓練不可，不實施訓練，百人不能當一人用；訓練以後，一人就能當百人用。一個人能教育十人，十人能教育百人，百人能教育千人，千人能教育萬人，這樣擴大的教育網，自然能夠輕易的擊破敵軍。於是他不外求，他採教育訓練方式，希望把普通人訓練成出色的人才，大量培育軍事骨幹。後來這些學生都成了他軍中的幹部，以後大哥主政新疆十餘年，其政治基礎，大半賴此奠基。

教育是百年大計，大哥夫婦全力投入此項工作中，大嫂邱毓芳也在迪化女子中學任訓導主任。大哥大嫂熱心參與教育工作後，大大提昇新疆地區學生的素質，使得學校充滿朝氣，金樹仁對大哥的所作所爲感到欣慰。民國二十一年（西元一九三二年）春，大哥再膺任參謀處少將處長，兩年不到，竟連升三級，也是創紀錄的。

新疆內部種族複雜，維吾爾族、哈薩克族、回族等少數民族都是驍勇善戰，要求政治上獨立的聲浪，始終都不曾消退，因此這些信奉回教的民族所形成的回亂，一直是地方治安上的一大隱憂。當時新疆人口有四百萬人，漢人不到三十萬。可是，新疆的統治權全在漢人手裡，地方政府的民族政策一向極端的「尊漢卑回」，漢人對新疆的其他各民族，一率以「纏回」稱之，這是一個充滿鄙薄的名詞，代表著新疆政府對待各民族有著不平等的待遇，這種不平等的待遇形成新疆各民族和漢族之間的嚴重對立。因此，「纏回」與「漢人」的對立，使得新疆成爲煙硝味十足的地區，只要小小一根導火線，就會牽動成爲新疆地區全面的動亂。

民國二十年（西元一九三一年），新疆小堡的稅務官搶娶維吾爾族的女子，因而激起積累已久的民族怨恨，一發不可收拾，除了殺當地稅務官之外，還殺了不少漢人，並引發各地的纏回羣起響應，形成哈密事變。眼見這場事變的規模越擴越大，金樹仁主張「殺人者一定要償命，斬草務必除根」，遂派大軍進發，致此纏回與官兵展開鏖戰。後來馬仲英以「解救伊斯蘭教兄弟」的名義進軍新疆，並揚言「三個月內打倒金樹仁」，由於馬仲英的加入，戰亂眞的擴及全疆。

馬仲英原名馬步英，甘肅臨夏牟尼溝人，軍官出身，騎馬、射擊、武術樣樣精通，帶兵更是一流，青海省主席馬麟是他的伯父，與馬步芳是堂兄弟，後來與馬步芳不合，被馬步芳逐出馬家軍的行列。馬步英一怒之下，改名馬仲英，他的弟弟馬步潔，年方十四歲，也隨哥哥改名爲馬仲傑。馬仲英號召各地回族青年，恃武稱雄建立「回教青年軍」，自封司令。馬仲英的部隊大都是青年人，不懼任何凶險，敢衝敢打，行動敏捷，縱橫在甘青寧綏四省。西北馬家軍的戰鬥力非常旺盛，南京政府對西北的馬家軍，一直苦無對策，後來認爲以自家人牽制自家人，應該不失爲一個良策，所以民國二十年（西元一九三一年）春，蔣介石以國民革命軍總司令身分，巡視華北各地，正式發布馬仲英爲騎兵第三十六師師長，指定甘肅酒泉爲其防區。

馬仲英入新後，因信仰相同，須回羣奉爲領袖。最初馬軍的戰鬥兵力，不過四百餘人，連同家屬，勤雜人員在內至多不過五百人，人數雖少，卻個個驍勇善戰。馬軍三天便攻佔鎮西及哈密新城，獲得大批武器和給養，實力大增。

金樹仁接到哈密地方單位十萬火急的電報後，感到事態嚴重，便派魯效祖爲東陸總司令，前往哈密敉動亂。而魯效祖指明要大哥擔任參謀長，一同前往，否則堅持不接受授命，在那個非常時期裡，金樹仁在無可奈何的情況下，只好任命大哥爲參謀長。但獨攬軍權的金樹信對金樹仁的決定不能認同，遲遲不肯發糧精械彈，使得魯效祖不能如期成行，乃令旅長杜國治先行。省方雖有一千五百人及輕重機槍，卻因紀律蕩然，毫無戰鬥力可言，立刻被馬仲英擊敗。

纏回之亂，傷透金樹仁的腦筋，因爲馬仲英的部下個個善戰，打退了，一會兒又回來，擾得省軍筋疲力竭。又因爲金樹信的帶兵作戰計畫完全靠經驗得來，打勝仗全憑運氣。這樣的領兵方式，根本無法化解馬仲英强勁的攻勢。即使情勢危急，金樹信還是有所忌諱，仍不願意讓大哥參與其事。眼看馬仲英的勢力越來越大，金樹仁沒辦法，只好出示最後一張王牌：招來伊犁屯墾使張培元出任東路剿匪總指揮。繼而不顧金樹信的反對，堅持任命大哥爲參謀長，協助張培元指揮前線作戰，這是大哥參與新疆軍事的開始。

金樹仁重用張培元，就是希望能將哈密事變速戰速決。然而張培元坐鎭哈密，卻主張不動干戈，用政治溝通法來解決亂事，對各方進行積極安撫的動作。不料金樹仁見張培元在哈密按兵不動，疑其另有企圖，免除他的「東路剿匪總司令」一職，驟令張培元限期離開哈密。張培元負氣返回伊犁，行前誓言從此不再過問金樹仁之事。

民國二十一年（西元一九三二年）夏，馬仲英再度燃起戰火，省軍均非馬仲英的對手，屢戰屢敗。如今張培元也袖手旁觀，雖然金樹信不願讓大哥帶兵，卻再也找不到其他合適的人選可以立即擺平這場亂事，於是，他不得不接受金樹仁的意思，重用大哥。七月，金樹仁任命大哥為東路剿匪總指揮，開拔前線，打了一場勝仗，重建省軍的信心。

大哥的帶兵方式有別於金樹信，他認為領兵作戰，賞罰要分明，並且不是用嚴刑峻法管束軍隊，而是要引出部下的能力與幹勁。他的作法是：

㈠要以禮義及信賴對待部下，這樣部下就不會怕死。

㈡須施恩且賞罰公平，部下才會服從。

㈢得身先率卒，兵士就不會偷懶。

另外，大哥在戰役前都會擬定作戰計畫，進行沙盤推演，先將新疆全省的重要地理和馬軍的作戰方式，做一番徹底的研究，分析敵我雙方的情況，一旦率部進剿，才不致徒勞無功，損兵折將。

大哥是一名知兵善戰的能手，對部下恩威並重，關心傷員並與部下建立良好關係，軍隊的向心力很強。在東路打了一兩次勝仗，善待俘虜，行軍經過地方，堅持不騷擾百姓，不搶掠財物。如此一來，不僅受部隊官兵擁護，連百姓也對這位將領肅然起敬。幾場戰役下來，他不僅贏得了「常勝將軍」的稱號，而且也培養出大批的心腹將官。

因為打勝仗，大哥秀出了漂亮的成績單，金樹信便對大哥起了殺機，有幾次大哥打勝仗後，金樹信就召回大哥，但不接見他，讓他坐冷板凳，何以如此？原因很簡單，因爲金樹信與金樹仁對於要不要殺大哥，互有爭執？金樹仁基於許多顧忌，不讓金樹信殺大哥。他說：

「殺了盛世才，馬仲英再回來，誰來抵抗？」

大哥明知金樹信的陰謀，但他無可奈何，只得處處提高警覺。幾次與死亡擦肩而過，像一場又一場的夢魘，如果那時金樹信執意殺大哥，以大哥當時的處境及能力，他根本無力反抗。

哈密事變原是纏回發洩情緒的短暫失控現象，卻因金樹仁處理失當，以致事態擴大引起民族仇殺，全省陷入混亂狀態，更引爆另一場四一二革命，改寫了新疆的歷史。

# 五、四一二革命

民國二十二年（西元一九三三年），對新疆而言，是個多事之秋的年歲，一波未平，一波又起。馬仲英的騷擾還沒有平定，四月十二日，又發生歸化軍逼退金樹仁，繼而推翻金樹仁所領導的新疆政府，這就是新疆歷史上所稱的「四一二革命」。要談「四一二革命」的發生原委，必須先瞭解金樹仁和他所領導的政治生態。

金樹仁字德庸，甘肅河州人，是楊增新的學生。楊增新當初在河州興學有功，被清廷調升爲甘肅全省文教提調，及教育廳長兼任高等學堂的監督，後來奉命調往新疆任巡撫。民國成立，楊增新晋升爲新疆省主席兼督辦，因人手有限，遂招募甘肅籍的文武學生們入新工作，金樹仁就是其中一員。因爲金樹仁的年齡略大，抵達新疆後，即被任命爲民政廳祕書，旋升科長、廳長，與楊增新的師生關係長達二十年。

對於金樹仁取得政權的說法，衆說紛紜，其中流傳最廣的說法是，民國十八年（西元一九二九年），因爲楊增新在一場宴會中，被樊耀南僱來的劊子手當衆砍下頭顱，血灑會場後，金樹仁繼位。這是一種下馬威的手段，常爲當時奪權者使用。尤其在塞外，人人容易起「佔山爲王」的野心，反正「天高皇帝遠」，老子只要夠凶狠，誰敢吭氣？所以有人以爲金樹仁是假樊耀南之手，奪恩師之位。是不是如此？則不得而知。

總之，金樹仁在新疆執政五年，新疆政局每下愈況。當金樹仁政府的財政發生困難，便公然在政府公有地上種罌粟花；軍餉發不出，就發大煙土，造成士兵個個都是雙槍手：一支長槍，一支短槍——大煙槍，這樣的軍隊根本無法作戰。甚至官員的貪汚，金樹仁也不大理會，上行下效的結果，百姓抽大煙、賭博、嫖妓，亂象叢生。再加上擁有軍權的金樹信仗勢欺人，胡作非爲，社會風氣極端敗壞，導致新疆人民生活困苦，進而亂事頻傳。

雖說如此，政府裡頭尚不乏改革份子，他們見到金樹仁無力整頓新疆的政局，都感到憂心忡忡。省府官員陳中（督辦公署參謀），早就不滿金樹仁之政治設施，曾於民國二十年（西元一九三一年）與新疆駐蘇領事牟維潼接洽，改善內部風氣，也有整頓新疆計畫書，呈報南京政府，但中央未能及時處理，新疆內部亂象依存。各個勢力蠢蠢欲動，戰事是不可避免的結果。

直到民國二十二年（西元一九三三年），馬仲英入新騷擾，軍隊作戰不力，張培元對金樹仁的命令有所不從，形成分崩離析的局面，更突顯金樹仁政府的無能。四月，新疆局勢極度混亂，天山北路僅伊犁、塔城兩區尚屬完整，天山南路所有的城鎮都陷入兵荒馬亂中。在內有驕兵，外有强寇的情況下，陳中夥同陶明樾、李笑天和一二位將領，於四月十日在迪化開會，商討因應之道。他們一致認爲要挽救新疆的政局唯有發動政變，推翻無能的金樹仁政府。然而發動政變，一定要有軍隊協助才行。當時新疆漢族軍隊甚少，軍中又多是雙槍手，作戰乏力。雖然也有一些東北義勇軍陸續從西伯利亞來到新疆，這些軍隊卻屬客軍，效益不大，所以新疆的作戰實力，主要靠的是歸化軍的力量。

所謂歸化軍，就是蘇聯十月革命後，從蘇聯逃來新疆居住的白俄人及歐洲人。他們之中大都是舊俄軍隊中的官兵，頗有作戰經驗，戰鬥力强。他們總想有一天能恢復舊俄統治，他們在白俄將軍革米林肯的帶領下，歸化中國，被稱爲「歸化軍」。歸化軍有獨立編制，當時迪化有兩團歸化軍是單獨成軍，獨立行動，由省政府直接指揮。他們之中有取得中國國籍，大多數並無中國國籍。因爲金樹仁的政府財政發生危機，對其糧秣薪餉不能充分供給，並苛扣無常，彼此早就有怨隙。

當陳中與歸化軍將領商議，發動政變，推翻金樹仁政府馬上得到歸化軍全力支持。民國二十二年四月十二日下午兩點鐘，歸化軍團長安特諾夫，以索取安家費爲由，率領歸化軍進入金樹仁的督辦公署，穿越大堂，佔住二堂，旋即向金樹仁逼迫。這羣發動政變者無心取金樹仁全家的性命，只要金樹仁交出政權即可。於是，金樹仁在衞隊的掩護下，帶著家眷攀越圍牆，逃到迪化城外的西郊公安局。

當夜，倒金分子陳中等人，立刻邀請軍政人員如劉文龍、李容、涂文佩、李笑天、巴品古特等二十多人，在歸化軍指揮部召開臨時緊急會議，商討如何善後。席間由陳中建議，將督辦制改爲軍事委員會，於是在李笑天、陶明樾附議，而無人反對的情形下，予以通過。接下來便公推劉文龍爲臨時省主席，東北黑龍江救國軍第二旅旅長鄭潤成，爲臨時軍事委員會委員長。（**按**：東北黑龍江救國軍，來自東北，東北在張學良採取「不抵抗主義」，淪陷於日本人手裡，他們逃離家園，經西伯利亞，千辛萬苦到新疆，目的是希望有一天能回東北打跑日本鬼子。）

有人說，四一二革命，是大哥陰謀策畫的！這並非事實。這次政變，大哥事先完全未被告知，因爲他的資歷甚淺，當時還沒有資格參與權力核心的運作。事後爲何會被告知？只因爲他手上握有軍權。政變發生的當兒，大哥正在迪化城郊，準備與歸化軍會合一起打擊馬仲英。當他被告知迪化城裡發生政變後，他立刻移防到「一砲成功」處。「一砲成功」位於迪化城郊一處山頭，地勢居高臨下，可以俯瞰迪化全城。他一方面觀察內部的變化，更重要的是，他要觀察蘇聯的反應。他是金樹仁的部下，理當聽命於金樹仁。可是，金樹仁政府的所作所爲，他也有不苟同之處。他並沒有立刻出兵靖難，只是按兵不動，因此成了政變成敗的關鍵人物。後來臨時主席劉文龍協同陳中赴「一砲成功」處與大哥懇談。大哥審度形勢，決定棄金樹仁而助革命。金樹仁看大勢已去，乃由楊正中掩護，向昌吉撤退。

四月十四日臨時主席劉文龍，臨時軍事委員長鄭潤成，總指揮盛世才召集全體臨時委員會委員，及滿蒙哈各族代表舉行聯席會議，續增大哥等二十一人爲委員，公推劉文龍爲臨時省主席，由於鄭潤成是客軍，不願捲入新疆政治漩渦，堅辭軍事委員長。在討論軍事首長人選時，大家咸認新疆是中國西北邊防重鎮，軍權必須統一，多數贊成恢復督辦制。由於大哥親力戎行數年，收復哈土各城，與馬仲英作戰，頗有戰功，歸化軍在他指揮下作戰，均欽佩他的作戰能力，且其平時對革新運動多表同情，所以請他主持軍事。

有人說大哥不仁不義，對金樹仁趕盡殺絕，這是有心人士的毀謗。只要分析情理，這些謠言自然不攻而破。試想，當時軍權在大哥手裡，如果大哥不放人，誰也跑不了。但大哥從郭松齡處習得軍人應有的誠信，及上下從屬的觀念，他認爲金樹仁是他的長官，況且對他尚有提攜之恩，絕對不能殺他。後來有人對大哥說：「金樹仁帶走大批黃金！」他只是笑笑而已，也沒有去追討。金樹仁確實帶走不少黃金，可是要追討這批黃金，勢必要先捉人，人一

• 民國 24 年於新疆和領受四一二革命二週年紀念獎章人員合影

旦被捉，則不能不審判嗎？大哥不想捉人，黃金就充當是新疆政府給金樹仁的生活費。大哥這種不追究的態度，也引起許多人的不滿。大哥也不管這些，他自有一套自己的處事邏輯，不捉就是不捉。

我們再看看「四一二革命」後的金樹仁，從塔城逃走後，就到天津租界居豪宅，他一直企圖想恢復政權，廣祿就是金樹仁派駐南京的代表，這也是廣祿爲什麼這麼積極反盛的原因。當時，我在北平教日語維持生活，也常到天津去，對金樹仁在天津的所作所爲，看得很清楚，我也是在天津認識了廣祿和朱炳。

至於蘇聯對「四一二革命」的態度只是任其發展，並未採取任何行動。這是因爲新疆四月革命，正值史達林戮力執行第一次五年計畫時期，國力尚未穩固，對外遂不敢妄動，這也是為什麼蘇聯在四一二革命最混亂的時候，沒有進兵的緣故。

「四一二革命」雖不是大哥主導發動的政變，卻因此成就了大哥在新疆的領導地位，也讓新疆成為抗戰時期青年最嚮往的園地。

# 六、南京政府的機心

新疆四一二革命後，金樹仁下台，新疆政局一片混沌。初掌督辦大權的大哥，不僅要面對滿目瘡痍的新疆，還要解決政治環境的危機。首先，大哥碰觸到的難題，就是金樹仁底下舊部屬的反彈、蓄意作梗，如張培元在伊犁擁兵自重，他根本不認同大哥所取得的領導權，四一二革命後始終未表態支持大哥。新舊政府的人事安排，屬於內政上的調理，大哥相信只要時間充裕，人事定能漸上軌道。唯有馬仲英的動態，隨時威脅新疆新政權，成爲大哥最頭痛的問題。嚴防馬仲英再度進兵，部署軍事，成爲大哥最急迫需要解決的事件。

當時，在大哥的心目中，南京國民政府就是中國的中央政府。雖然當時各地軍閥割據，南京政府的統一權並沒有完全落實。就以新疆而言，南京政府的勢力進不了新疆，自始至終對新疆沒有實際的主導權。依據往例，新疆政府的所作所爲都是獨立自主的，楊增新採「認廟不認神」的態度，因爲中原主事者常常更替，一會兒是北京政府代表中央，一會兒是南京政府代表中央，各地政府多達二十五個，每個政府都有各自系統及主權。有些軍閥對中央敷衍應付；有些軍閥則來個相應不理，這是當時中國內政環境的輪廓。即使如此，大哥畢竟是受過正規教育訓練的軍人，他希望一切合法，能得到中央的承認，一切才有法源依據，名正言順，理想才能付諸行動。

新疆臨時政府雖然成立，在未得中央以前，政權還是處於空窗期，難免給人名不正、言不順的聯想。大哥是受過高等教育的軍人，他深知政治程序的重要性。所以，他希望新疆新政府盡速得到中央政府的眞除（舊時官吏試守期滿，拜授實職。），以防夜長夢多，而向中央請命是省主席的職責。可是，劉文隆主席受舊式教育，行事緩慢。爲此，大哥在眞除這件事上扮演積極的角色。四月十四日，大哥和劉文隆即聯名致電中央黨部政治會議，將政變發生過程一一陳述，並表態：

「以黨義為依歸，以國法為根據，力謀人民幸福，稍紓中央西顧之憂，唯余等才輕任重……靜候中央簡拔賢能。」

這「靜候中央簡拔賢能」的謙沖，就是強烈希望中央能知賢任用。沒想到中央對新政府的請求，視而不見，充耳不聞，避重就輕，不予明快回應。二人再次於五月十七日又致電外交部：

「文龍、世才謬被各界公推暫權軍民兩政事，一切施政方略自當以國法為根據，以黨義為依歸，採取人民公意聯絡各族感情，期紓中央西顧之憂，聊矢國民應盡之責。」

這樣措辭懇切的電文，仍然沒有獲得南京政府正面的答覆。大哥以爲是他的表現不夠出色，沒能使新疆人民免於戰亂的恐懼，以致南京政府不放心眞除。爲此，他全力應付馬仲英的挑戰。

當時，馬仲英與各民族的聯合戰線極爲成功，馬仲英、馬仲潔兩兄弟更是驍勇異常，所向披靡。他打出建立「伊斯蘭教王國」的口號，對回教徒有莫大影響。他盡量擴展實力，目的就是要奪取新疆的政權，尋求新疆的獨立。馬仲英膽識過人，無人能出其右，大哥與馬仲英交手過，也認爲馬仲英是位不可多得的軍事人才。然而兩人最大不同處，馬仲英打的是傳統戰，靠的是經驗和神勇，毫無學識可言。而大哥有嚴密的思緒、周詳的計畫和專業的軍事學識，這也是馬仲英最欠缺的一環。一人是全方位的思考策略，一人是直線式的單一路線，高下不言而喻。

起初馬軍來勢凶猛，大哥的先行部隊抵禦無力，險些被打垮。後來大哥運用地形上的優勢，在紫尼泉子這個地方，佈兵圍剿馬仲英。也許天意如此，一場大雪，把馬仲英的佈局打亂了，再加上馬仲英輕敵的心理，使他的部隊損失慘重，馬仲潔就喪命在這場戰役中。這一關鍵性戰役，馬仲英敗走吐魯番、鄯善，省軍大獲全勝。

大哥原指望以軍事上的勝利，可以換取中央對他的正式任命。所以，戰事一結束，於民國二十二年（西西元一九三三年）六月十五日，立刻致電中央報告擊潰馬軍經過，未料中央只是覆電嘉勉，並沒有發布眞除令。

• 民國 23 年大哥與新疆設計委員會全體委員合影

中央遲遲不眞除的原因，大哥也能理解。因爲新疆與內地遙隔萬里，消息阻梗，金氏政權被推翻，推翻者卻是金氏部下，他們又擅自組成臨時維持會，再由臨時主席及督辦來要求中央眞除。如果不明瞭事實眞相的人，這樣的政變不就是以下犯上的叛亂行爲嗎？臨時維持會充其量就是個叛亂團體，中央如何眞除叛亂者？無奈關山萬里，電文傳送難表眞情，又加上金樹仁也派人到南京陳情，有關政變的風風雨雨，眞眞假假，撲朔迷離，致使中央無法完全信任新政府。

大哥以爲如果中央明瞭事實眞相，相信情事一定改觀。於是，他派遣陳中赴南京，直接報告新疆成立新政府的眞實情況。因爲陳中是四一二革命的發起人之一，對整個事件的來龍去脈最瞭解，請他口述詳情再適合不過。大哥交付他一份三十六名新疆維持會委員的履歷表，請求南京政府正式承認新疆新政府。

然而陳中並未到南京報告，反而轉赴蘇聯。他在莫斯科聽聞黃慕松即將到新疆來宣慰，僅將資料寄往南京，並傳送一份新疆政變後因後果的文章，寄往南京各報發表，便直接從莫斯科返回迪化。陳中返疆後，寄往南京的資料，仍然沒有一點回應。而黃慕松到底來不來新疆？只聞樓梯響，不見人影。

在等待的日子中，新疆政府又派陶明樾赴南京促成。陶明樾到蘭州，恰遇黃慕松率領的宣慰使團，便隨黃慕松回迪化不去南京了。陳中與陶明樾的舉動都不尋常，他們沒有認眞執行新政府的託付，顯示他們和新政府不是站在同一陣線。後來他們反對大哥，此時已見端倪。

至於，大哥爲什麼得不到南京政府的支持？除了南京政府不明瞭政變發生的實際狀況外，還有兩個原因：

**第一，南京政府想直接插手新疆事務。**

當時新疆儼如獨立狀態，楊增新和金樹仁都是北洋政府任命的省主席兼督辦，然而，他們對北洋政府僅維持表面關係，卻行割據之實。北洋政府尚且不能操控新疆，何況是南京政府？如今好不容易金樹仁政府瓦解，南京政府欲藉此大好機會，將勢力延伸入新疆，取得主控權。

**第二，國民黨不滿意大哥。**

因爲大哥不過是一位南京政府離職人員，卻在新疆闖下一片江山。他們以爲一個出走的人，有何能耐治理新疆？況且他在南京期間，從未加入國民黨。在他進出南京權力核心時，中央始終未能掌握他的動向，更摸不清他的思想傾向。加上新疆在楊、金時代，曾私自與蘇聯訂約，中央疑忌任命了大哥，他是否會服從中央，或割據一方，擁兵自重？南京政府無法掌控。

南京政府想要完全操控新疆事務，眼前看見大哥屢屢致電，要求中央眞除，這樣遵循體制規範的督辦，在當時並不多見，沒想到大哥循規蹈矩，反而被解讀沒有擔當。大哥不是國王人馬，尚且還是無名小卒，南京政府小看了大哥，所以對新政府任命一事，採保留態度。

總而言之，南京政府不信任大哥，他們拖延新疆新政府的請求，最後想出宣慰使的名堂來，任命參謀本部次長黃慕松爲新疆宣慰使，赴新疆宣輔。

黃慕松於民國二十二年（西元一九三三年）六月六日，乘歐亞航空公司的飛機飛往蘭州，九日由蘭州起飛入新疆，十日抵達迪化，黃慕松的四位參謀隨後也到迪化。

中央大費周章的做法，大哥心裡有數，但求問心無愧。中央直接派人來瞭解實際狀況是一件好事，要知道，四一二革命不是叛變，而是逐一夫而已。因此，他對黃慕松的到來，熱烈歡迎。大哥與黃慕松彼此是日本陸軍大學前後期同學，而黃慕松也曾是大哥的長官。大哥在南京期間，黃慕松是南京軍官團副團長，大哥則是軍官團歐洲戰史教官。大哥在關外招待來自內地的朋友，心裡格外高興。

黃慕松一見大哥，就力勸他要服從中央的宣慰，且立即停止與馬仲英之間的軍事行動，展開和談。大哥也贊成，只要馬仲英停止軍事行動，並退至哈密，省軍立即停止一切的軍事行動。黃慕松即刻寫了一封電報給馬仲英，請他停止軍事行動。然而，馬仲英正逢軍事順利期，不願遵照黃慕松的指令停止行動。雖說如此黃慕松仍一意要大哥先停止軍事行動，再去馬仲英處談判，大哥以為單方面停戰，無疑給另一方機會，於是堅持停戰非要雙方不可，沒有單方停戰的道理，他未從命。當馬仲英前來挑釁時，大哥即帶領省軍七千餘人，和馬仲英對決。

由於新疆有四一二革命的前例，大哥領兵在外，對迪化城裡的一舉一動也格外注意。大哥當時以新銳之氣，謙恭下士的胸襟，頗受東北義勇軍的各級幹部和地方勢力的擁護，雖然大哥政治上的人脈還很薄弱，然而政治的不定性使他提早作準備，並格外機警敏銳。例如他與黃慕松一席談話，黃慕松主張停止討伐馬仲英的軍事行動，要他聽候宣慰，由黃慕松來處理一切。又主張取消督辦制，改組軍事委員會。大哥立即察覺黃慕松來意不善，為了防患未然，他派人在黃慕松身旁偵察和監視，使得他能掌握黃慕松等人在迪化的一切活動，在必要時採取主動。

中央的派黃慕松來新疆的目的，一來瞭解新疆狀況；二來取代大哥。黃慕松打著中央的旗幟，進行一系列工作，一方面宣揚中央德威，爭取人心內向，一方面適時伺機遊說各文武要員，其口號則是「新疆非中央領導，不能脫離貧困，不能解決問題」。另外，他強力主張廢除督辦制，改設軍事委員會新疆分會。

中央魅力無窮，自然吸引許多見風轉舵者，包括陳中、李笑天、陶明樾等人。這些人之所以見風轉舵，主要還是大哥主政以後，作風嚴厲所引起的反彈。他們都是金樹仁底下的舊屬，看不慣金樹仁官僚的作風，所以積極策劃革命。如今革命成功，反而讓後輩盛世才掌權得勢，這是他們始料未及的。因爲四一二革命是他們發起，他們以爲自己的功勞最大，而大哥執政以後，雖然給了相當高的職務，卻沒有下放實質權力給他們，這是他們不滿大哥的主因。其次，大哥新官上任三把火，帶進講求效率的東洋作風，事事雷厲風行，這樣認眞的辦事能力，對習慣慢條斯理舊式作風的公務員而言，他們感到無比壓力。他們以爲這是大哥得勢之後的高傲，對他們毫不講情面，所以遭到他們嚴重反彈。眼見中央不眞除，有意另請高明，正中下懷，於是紛紛到黃慕松跟前獻計。

黃慕松見大哥強勢作風，很難用勸勉的方式讓他交出政權。便向南京政府請示，拉攏臨時政府的官員一起反盛。雖然臨時政府裡有部分官員倒向中央，然而仍有一羣擁盛人馬，他們爲大哥監視迪化的風吹草動。當大哥爲保衞新疆，正在和馬仲英一決生死的同時，城內也正蘊釀著一件大陰謀，一件由南京政府主導的大陰謀，眞正目的就是弄垮大哥。

這件陰謀案是這樣發展的：由南京政府主導整個事件的發展，黃慕松執行。黃慕松名義上是宣慰使，其實，他帶了許多人準備接管新疆。首先，他聯合主席劉文隆、伊犁囤墾使張培元、再到吐魯番收買馬仲英。黃慕松盡力拉攏各方人馬，擴大組織，也包括東北義勇軍在列。中央的魅力不小，這個陰謀組織在短短時間內即發展起來。他們本想要大哥乖乖交出軍權，後來發現勸說無效，只好設計準備殺掉大哥，這個行動便由祕書長陶明樾，航空隊長李笑天和督辦行營參謀長陳中三人策劃執行。

他們的計畫是這樣的：以慶賀大哥剿馬匪成功爲幌子，在軍校附近設一座凱旋門，歡迎大哥凱旋回省；並準備一輛汽車給大哥乘坐，預計在大哥距離凱旋門不遠的地方埋置炸彈，待大哥的車子一經過就引爆。如果不成功，也可在大哥下車時，向他投擲炸彈，或用手槍射殺。

有人向大哥密告此事，大哥起初半信半疑，他不認爲自己有什麼過錯，以致南京政府會要他的命？當十七日那天，大哥接獲都署參謀長劉斌的電話，說省城爲了祝賀大哥勝利，要設凱旋門迎接，這一消息正巧與密報相合，大哥決定暫時不追擊馬匪，而命省軍回省後，大哥立即帶了二十名貼身衞士祕密回省城，因爲要先安定內部，才能全力攘外。

大哥於六月十九日午後，悄悄地回到省城，立刻著手從情報得知省城一切情形。同時，警務處也從陶明樾公館的祕書手中，再得一份參加陰謀組織的名單，才知曉黃慕松頂著中央的光環，竟吸引這麼多人參與，其中包括馬仲英和張培元，這股結合力量不要他下台而已，而是要他的命。

大哥一心想做大事業，但他的政治資源的確太貧瘠，有力人士紛紛倒戈，政治上的糾葛，讓他身歷險境，只要一步踏錯，小命便休矣。他眞得什麼都沒有，唯一可憑恃的是手中的軍權，但仍要小心因應，否則後果不堪想像。他仔細分析過當時所有的情況，黃慕松是中央的人馬，如果採嚴厲的制裁手段，按名單逮捕人犯，牽連的層級廣，人數多，恐將牽連南京政府，如此大張其事似有不妥之處；如果優柔寡斷，遲疑不決，反使人人自危，造成狗急跳牆，反而得不償失。所以這件事考驗他的政治智慧，如何妥善圓滿的處理，既保住性命也穩住自己的政治地位。在敵人環伺的環境裡，他如履薄冰，戰戰兢兢，應付不可知的未來。

大哥悄悄地回到迪化，把許多人都嚇了一跳，他仍不動聲色，只派省府祕書長陶明樾通知各委員們到省署會議，他要會報紫尼泉子大捷的戰事，會議日期訂在六月二十六日下午。因此，他有六天時間觀察及準備。這段期間不斷有耳語在流傳著，有傳中央希望在黃慕松、馬佔山二人中擇其一主持新疆新政；也有謠傳另檢賢能；新疆也有四十餘人底達肅州，擬赴南京請求以馬仲英爲主新者；更有傳說以黃慕松爲新疆經略使，張培元主持北疆軍事，以馬仲英主持南疆軍事，而劉文隆仍當省主席。這些話語，聽在大哥的耳朵裡，更讓他研判所搜羅的情報的正確性，並處處提高警覺。他還是從容起居、辦公，一如往常，沒有太大的變動。

這期間，反盛這股勢力暗潮洶湧。陳中、陶明樾、李笑天三人一直蠢蠢欲動，他們害怕計謀已經洩露，於是計畫提前行動。他們眼見當時只有劉文隆可以以主席名義指揮大哥，所以他們一致要求劉文隆製造機會殺害大哥。有一回，劉文隆叫大哥到省政府商量事情，大哥才一進去，發現侍衛都換了，他知道事情不妙，立即警覺性地轉頭離去，也因此保住了一條性命。

六月二十六日，劉主席和大哥在督辦公署的東花園，召開臨時維持委員會會議，需全員出席，商討今後的剿匪事宜。當時各委員人人面色凝重，大哥看在眼裡，卻不吭氣。大哥主持會議有個習慣，一定要等到所有人都到齊，才開始開會。所以大哥遲遲沒進會場，一直站在東花園的入口處，等待所有出席人員。

這天，陳中、陶明樾、李笑天三人遲遲未到，原因很簡單，他們是整個反盛行動的主要策動者。他們三人一起研商對策，認爲大哥即使知道他們的計畫，在沒有眞正行動之前，證據不足，斷定大哥不敢對他們採取嚴厲的手段，最後商議的結果，就是依然出席會議，以觀其變。

當時新疆省政府的傳令程序，還是延續清朝體制，一旦有人進入省政府，都要解甲繳械。從大門開始，守門侍衛則會大聲宣達，如此一堂傳過一堂，要經過三四次宣達，才能進入公署三堂，也就是督辦的辦公室。當大門響起陳中、陶明樾、李笑天的名字時，全場的氣氛相當凝滯沈重。當他們邊走邊談，來到東花園，迎面而來的是大哥一臉冷峻的表情。他們楞了一會兒，還沒意會，立刻上來六名衛士，將三人架起來，三個人錯愕之餘，還不清楚發生了什麼事，這時大哥開口說話：

「你們的陰謀暴露了，證據確鑿，趕快打電話回家告知一聲。」

他們一一打完電話，向家人報告情形後，就被帶走。不久，槍聲傳來，衛隊長進來報告大哥，三個人已經就地正法，行刑完畢。

當時與會的人頓時嚇傻了眼，面面相覷，個個臉色慘白，唯恐大禍臨頭。此時，大哥才走進會場，板著面孔，語調嚴肅地對在座的委員們說：

「諸位不要驚慌，這三個人是野心家，趁我出征之時，陰謀叛亂，想推翻現政府，現有城防團長作證。」

胡振林團長立刻出面做證，並說明事情的原委，嚇得其他人都提心吊膽，不知道另一個死的人是不是就輪到自己。大哥逡巡整個會場後，很明白整個會場氣氛凝重的原由，他停頓了一會兒，才緩緩地說：

「他們三人謀叛有據，立即槍決，至於其他一概不究。」

劉主席也說他們三人應該處死，而參加謀叛的委員們，都鬆了一口氣，均慶幸自己的項上人頭還完好如初。

大哥處決了陳中、陶明樾和李笑天三人，事後有人認爲大哥沒有經過合法的審判程序，就執行槍決，有不依法辦事的霸道。依我看來，這個案件果眞要照正常程序來處理，那就沒辦法善後了，所謂非常時期要用非常手段，這是大哥在險惡的環境下，爲顧全大局不得不然的唯一辦法。此話怎講？這個案件牽扯的層級廣，人員衆多，而有些人只是被蠱惑，一經審判，也難逃處死的命運，這樣不知要死多少人！如果只處決三個主要份子，不經過審判，他們就不會供出其他人，那些意志不堅的受蠱惑者，也會在證據不足下，各各安心，整個事件隨著這三人的死亡，而消弭於無形。況且讓這三個人受極刑，已經可以造成絕對的嚇阻效應，不僅消弭被蠱惑者鋌而走險的危機，還能保住新疆可用的人才。雖然遭到國內不明情勢人士的詆毀，我們也無怨尤，因爲他們不瞭解當時的環境。

嚴格說起來，整個陰謀事件的主謀者是南京政府，黃慕松是實際執行者，而陳中、李笑天、陶明樾只不過是爪牙。殺了陳中、陶明樾、李笑天三人之後，陰謀集團頓然瓦解。大哥雖然知道中央是主謀，卻不能明說，因爲以當時的情勢和中央正式撕破臉，對雙方並沒有好處。於是他請黃慕松向南京發電，當著大哥和劉文隆的面前簽上自己的名字，讓兩人過目一遍。內容是說新疆地處邊陲，外有外國勢力騷擾，內又處於動亂，現已由盛世才平定叛亂，情勢穩定，衆委員們一致要求實行督辦制，推選盛世才爲督辦。他經視察宣慰，盛劉二人完全有能力治理好新疆，請南京政府迅速明令委任劉文龍爲省主席、盛世才爲督辦。電文以明碼發往南京政府，向蔣委員長和汪精衛各發一份。

南京政府的計畫失敗後，中央要黃慕松即日回京報告實情。黃慕松一直到七月二十一日才動身離開新疆。有人說：大哥軟禁了黃慕松。沒錯，大哥是軟禁了黃慕松。他之所以有這個動作，就是要南京政府知道，新疆政府不是不知道中央的把戲，而盛世才不是好欺負的，他要藉這個事件，削削南京政府越來越囂張的氣焰。

南京政府方面，汪精衞不得已於同年七月三日，在行政院紀念週上報告，强調新疆事變係金樹仁所激起，不能以常例責備劉文隆和盛世才。又說新疆事變前半期由金樹仁所引起，後半期係馬仲英所擴大，中央對金、馬二人自當有公正處分。在與蔣介石商量下，兩個人回了一封電報給新疆，要盛世才和劉文隆表明態度，必須服從南京政府的統一領導，新疆政府的外交與軍事指揮權須由中央統一指揮，方可通電任命。

劉文隆和大哥表示願爲南京政府效忠不貳，表達新疆政府的軍政外交等諸項大事，均由南京統一調遣。雖然如此，中央還是沒有眞除，一直到黃慕松離開新疆，安全抵達南京時，南京政府才勉强同意發表劉文隆任省政府主席，盛世才任新疆邊防督辦。另外，還外加一人，那就是任張培元爲伊犁地區屯墾使兼新編第八師師長，發布日期是民國二十二年（西元一九三三年）八月一日。

大哥看到伊犁的張培元同時被任職，自然明白南京政府希望通過張培元的勢力，來挾制他，達到分而治之的牽制目的。

此時，新疆事變已經成爲國內各報的焦點新聞，因而謠傳亦多。大哥不依法殺了陳中等人，明快地剷除了不利於他的障礙，對他在新疆的政權，豎立了一定的權威，然而在國內卻埋下大哥無法無天的印象，加上中央人馬回到內地大肆渲染，責備、毀謗自然四起，這是想當然爾！

政治上的反覆及冷酷無情，是一般百姓所無法理解的，由於當時的政治環境還沒有法制化，仍處於人治階段，爭取政權上的一席地位，都得鬥的你死我活，毫無仁義可言，存在、活命才是當務之急。如果大哥不殺人，極有可能被他人所殺，殺與被殺就是政治的現實。如今大哥搶得先機，先下手爲强，沒有人深入了解及體諒他的處境，只有以殺人的事實來責難

• 民國29年與幼女克文於新疆邊防督辦公署辦公室合影

他。也許是人們一向同情弱者，鞭伐強者，從不認眞思考事件的來龍去脈，僅以結果來評斷，則永遠難解政治背後的眞象。

陳中等人被處決時，我還沒到新疆。大哥對此事並不隱晦，見人就解釋此事的原委，所以，我知之甚詳。我是在民國二十二年（西元一九三三年）前後到達新疆。我從上海跟商務印書館的蘇尙達一起乘坐歐亞航空公司的飛機到新疆。因爲飛機會在哈密加油，而哈密當時是馬仲英的防地，得通過他們的盤查，所以我喬扮成賣藥的商人，他們沒有想到我就是盛世才的弟弟，否則，後果不堪設想。

# 七、羅文幹到新疆

大哥任臨時督辦不到三個月，即處決了臨時政府的三名要員：陳中、陶明樾、李笑天。不但平息一場風暴，還展現了他鐵腕的作風。黃慕松灰頭土臉地回到南京，南京政府在莫可奈何的情況下，八月眞除了劉文龍爲新疆省主席，大哥爲新疆督辦。

不論南京政府願不願意，喜不喜歡，大哥終究成了名正言順的地方督辦。旣然成爲南京政府任命的官員，理所當然中央必須輔佐地方從事建設。然而事與願違，當時南京政府正對中國各地軍閥進行瓦解工作，對地方的猜疑仍重，深怕一旦幫助地方建設，反而助長地方勢力，統一的目標更無法完成，所以地方要獲得中央的補助，確實有相當的難處。正因如此，張季鸞在民國二十二年（西元一九三三年）八月一日，在天津「大公報」上呼籲中央政府，要決心全力建設西北。他說：

「新疆雖然尚有糾紛，然漢回各族莫不服從中央，盛世才與馬仲英，皆聽命於中央者也，是以四川難治，而西北易治。所問者，政府有無建設之計畫與決心而已。吾人今願建議政府，其決心集中全力於西北之建設。」

張季鸞呼籲中央政府必須拿出決心，集中全力建設西北。原因是新疆易治，因爲盛世才與馬仲英都還聽命於中央。這個理論讓中央政府很有感觸，如今輿論要中央全力建設西北，只因爲大家看到中央眞除了新疆新政府。殊不知，中央政府還沒能充分掌握新疆，尤其對大哥更有强烈的不滿，因爲大哥太幹練機靈，不易操控。尤其是大哥一直未加入國民黨，南京政府對此解讀是，大哥並不認同國民黨這個組織。

而大哥爲什麼執意要南京政府眞除他，很簡單，大哥不是强盜出身，他不想獨霸地方，做個土霸王。他是經過嚴格的正規訓練出來的軍人，他的學識經驗都告訴他，一切都必須「名正言順」才是識時務的俊傑，這樣一來也能免除其他不必要的痲煩事。南京政府是當時世界各國承認的中國中央政府，得到南京政府的眞除，才能以正名掌控新疆的政權，進而發揮自己的長才，建設新疆。這就是爲什麼大哥上台後即使擁有實際的軍權，他仍希望得到南京中央政府眞除的原因所在。

經過幾番波折，中央終於任命劉文龍爲主席，盛世才爲督辦，至於外交、交通諸端，則續派大員前往視察，協助處理相關事宜。外交部部長兼司法行政部長羅文幹於是奉了蔣介石及汪精衛的命令，親往新疆視察及調理新疆內部糾紛。其視察的理由正當的，都無法讓新疆政府拒絕，羅文幹就這樣順理成章，帶領外交部參事林東海，祕書于至昂，司法行政部祕書馮有眞，科長劉應霖，李一秋等一行七八人，浩浩蕩蕩進入新疆。

民國二十二年（西元一九三三年）九月二日，羅文幹抵達新疆，迪化各界均感意外，因爲黃慕松的風暴，創傷未復，如今一位層級更高的中央大員又來訪。這份特別的關懷，讓新疆政府官員都受寵若驚，並醞釀出極低的氣壓。大家摒息而待，卻不失東道主的禮數，迎接款待的熱情，不在話下。

羅文幹到達迪化，正逢省方與馬仲英的和談期。大哥與馬仲英雖然分別被中央眞除，卻分別都隸屬中央，兩方仍然打打停停，難分難解，談判幾回，始終進展不大。馬仲英在吐魯番、鄯善整戈待旦，大哥在省城部署軍事，彼此都在積極整訓部隊，處於劍拔弩張的狀態。

大哥雖經中央任命爲新疆督辦，實際上他的權力範圍僅在迪化周圍，防地面積爲東起古城至迪化，西達塔城而已。而馬仲英據吐魯番、鄯善和南疆的鄢奇、庫爾勒、北路木壘河等處；伊犁又被張培元把持，他不甘心後輩小卒盛世才作他的上司，一向不與大哥合作。當時，大哥雖然有東北軍及歸化軍相助，其實，力量極爲有限。

中央官員羅文幹既然有心化解新疆的紛爭，大哥當然樂觀其成。馬仲英的騷擾，使得新疆陷於兵荒馬亂已達三年。如果和談成功，不僅解除了政治上的屏障，也能使百姓早日重建家園，大家都期待羅文幹這位中央大員的調停。九月七日，羅文幹監誓劉文龍、盛世才就職完畢，九日即赴吐魯番會見馬仲英。大哥爲了表示誠意，派了迪化行政長李容，參謀長劉斌，及衞隊團團長盛世騏，也就是我四哥陪同前往，邀請馬仲英前來省城從長計議。而馬仲英顧全了中央大員的面子，允服中央命令，就任東路警備總司令一職，保證不從事戰爭，但以保護交通要道爲務，卻不願赴省晤談。只派了張雅韶，劉繼善，姚志平三位代表，隨同羅文幹一行人前往迪化。這一切看在大哥的眼裡，大哥說，馬仲英的誠意不夠，和談於是不成。

當時只有中央大員，才能在新疆來去自如，遊走三方。羅文幹又帶隨從到伊犁，參加張培元的宣誓就職典禮。新疆內部分崩離析，盛世才、馬仲英、張培元三人都是作戰能手，誰也不服誰，誰也不讓誰，大哥在名分上佔了便宜，馬仲英的實力略勝一籌，張培元是新疆元老，三方均是中央任命的官員，卻都各自爲政，這是當時新疆內部矛盾的實情。

當羅文幹遊走三方之後，一件不可思議的事情發生了，那就是本來是敵對的張培元與馬仲英，竟然結成聯盟，聯手進攻省城，與大哥為敵，整件事情幕後的主導者，又是中央。

南京政府對掌控新疆政權，仍然沒有死心，羅文幹到新疆的任務，依然延續黃慕松的老路子——搞垮盛世才。羅文幹雖貴為外交部長兼司法行政部長，到新疆幹的卻是顛覆的特務工作，所謂監誓只不過是幌子。他在外聯合馬仲英、張培元合力攻打大哥，在內則實行離間政策。羅文幹的離間政策，主要分化軍隊對大哥的效忠。由於大哥防範嚴密，動他不得。然而新疆軍隊的成分卻很複雜，想要挑撥離間就很容易。

以東北義勇軍為例，他們於民國二十二年（西元一九三三年）四月初，陸續從蘇聯到新疆，本是客軍，一心一意要打敗日本，奪回東北，對新疆政權並沒有多大興趣。後來，回東北的機會越來越渺茫，留在新疆已成了必然趨勢。鄭潤成帶領東北義勇軍初來新疆，曾被推派為督辦，卻又請辭，改由大哥擔任。那時，羅文幹找上了鄭潤成，鄭潤成眞的不願意介入新疆政權。可是新疆這個地區太寬闊了，常讓人不知不覺地起了野心。

當初東北義勇軍經過千辛萬苦來到迪化，因為飢餓過度，吃全羊時還有撐死人的事件發生。以後，東北義勇軍陸續到新疆，大哥都不讓他們一口氣吃太多羊肉，就怕他們吃撐了。因為同鄉的關係，大哥以東北人的身分，熱情地款待，也很照顧他們，他們也很服從大哥。沒想到鄭潤成卻受到羅文幹的慫恿，興起了奪權的念頭。他召集了幾位將領討論此事，大家議論紛紛，後來形成共識，就是大家要政權。鄭潤成說殺了盛督辦，才能得政權。楊耀鈞卻提議：

「盛督辦對我們這麼好，實在不忍心殺他，只要叫他下台，不要取他的性命吧。」

這提議立刻得到全體東北義勇軍的認同，便商量把大哥送到哪裡才好呢？最後決定把大哥全家送往莫斯科。那時他們已經勾結了衞隊團團長周增棉，要取大哥的性命極爲容易，只因楊耀鈞的建議，大哥才沒有生命的危險。

另一方面大哥對中央的舉動，一向都是提高警覺的。他早派人監視羅文幹一行中央大員的行蹤，他們跟新疆哪些人接觸，一一都被記錄下來，並隨時向他報告。鄭潤成被收買一事，很早就在大哥的掌控之下，等待時機成熟，大哥宣佈了他的罪狀，處決了鄭潤成。歸化軍的將軍高米林肯也被煽動，同樣被處決。

這股反盛勢力都由中央操控，大哥爲何如此篤定非羅文幹個人所爲，而歸罪中央，實在是證據確鑿。因爲大哥截獲所有中央與羅文幹往來的密電，及羅文幹與張培元、馬仲英之間的密電。中央給了羅文幹一萬兩黃金，五千兩給馬仲英，五千兩給張培元，這一萬兩黃金的用途就是要他們兩個人聯合起來攻打大哥，目的就是要大哥的命。

當時蔣介石和汪精衞的密電，都是用專門密碼，普通譯電員根本無法破解，非得有專門譯電專家才能解碼，新疆這等偏僻地區，哪裡有這等人才呢？是的，新疆是偏遠，老天卻賜給新疆一個譯電專家，此人就是日本間諜大西中，漢名為「于華亭」，屬日方軍事技術人員，本來在馬仲英的部隊裡提供情報（日本幫助馬仲英，就是為了和蘇聯在新疆爭奪勢力範圍）。馬仲英由奇台戰退，于華亭藏匿在民宅，被省軍搜獲。此人雖在天津長大，但口音特別，於是他非常聰明地對北方人自稱南方人，對南方人自稱北方人，這樣一來，幾乎瞞騙所有人。最後卻被大哥識破，其破綻就是他的走路姿態。他的走路姿態是典型的八字樣，這是因日本人穿木屐所造成的，與中國人走路不一樣。因為大哥留日數年，所以很快識破他是日本人。原本大哥要殺他，他求饒說他會譯密電，大哥才留下他。黃慕松與羅文幹和中央來往之電報，都被大哥的電台截留。任何密電即使是蔣介石和汪精衛極機密的密碼，都可以被于華亭解讀，讓大哥很精確的掌握中央的動向。

有人說：羅文幹之所以反盛，是因為大哥親蘇，又認為大哥這個人難以駕馭，才改變策略積極拉攏馬仲英，密令張培元與馬仲英合作出兵聲討大哥，這套說辭是說給不明就理的人士聽的。其實，黃慕松和羅文幹來新疆都是有備而來，坦白說，就是要策反，否則，為什麼要帶一萬兩黃金前來？至於大哥後來派陳德立和姚雄前往蘇聯，是羅文幹回南京以後的事，因為中央不支援新疆政府，新疆政府才轉而向蘇聯求援。

即使大哥掌握整個新疆的局勢發展，還是無法阻止聯合攻勢。民國二十三年（西元一九三四年）一月初，迪化陷入危急存亡之秋。馬仲英、張培元聯盟，聲勢浩大，預備由東西兩路夾攻迪化，徹底消滅大哥的勢力。誰也沒料到，就在這緊要關頭，張培元率領的軍隊在途中發生兵變。兵變的原因就是張培元的部下反對和馬仲英結盟，理由是說漢人不幫漢人，反而幫起回回來，反彈極為厲害不聽指揮，最後導致張培元自殺身亡。碰巧新疆省軍姚雄帶領軍隊從塔城前來支援迪化，在半途正好接收張培元的軍隊。省軍還沒有和張軍對峙，竟在不費一兵一卒就增加六千人馬，增加省軍不少信心。而馬仲英揮師兩萬，從吐魯番出發，所向無敵，逼近迪化，他攻佔了省城東郊的飛機場和無線電台，把迪化包圍得水洩不通。

馬仲英的實力之所以增進不少，主要是他有了日本支援，進攻一次比一次猛烈。省軍精銳部隊出城反攻，犧牲不少人。大哥為了保存實力，將城內羣眾組成民團，雙方形成對峙局面。在嚴寒的冬季裡，城內六萬軍民，陷於內無糧煤，外無援兵的絕境。以當時的條件，省軍是沒有突圍的可能性。馬仲英圍城時，我正好在新疆讀書，由於情勢危急，我也拿起槍桿子和他們對決。

大哥很早就看出，馬仲英圍城是遲早的事，他原本指望中央能勸服馬仲英，可是經過黃慕松及羅文幹的攪和，靠中央的想法破滅了，解除困境只有效法金樹仁，轉向蘇聯請求「友誼援助」。十二月下旬，他即派外交署長陳德立、航空隊長姚雄赴蘇聯商談蘇新貿易和各項援助事項，並做相應佈置。

要求蘇聯的協助，是相當冒險的事，會不會引狼入室？會不會像吳三桂引清兵入關一樣，被取而代之？大哥都仔細評估過。以當時蘇聯打著「扶助弱小民族」的口號，應該不會有太大問題。陳德立和姚雄果然不負衆望，得到蘇聯的允諾，蘇聯同意派兵協助。大哥堅守了四十六天，蘇聯紅軍到來，方使馬仲英圍城之急，得以解除。

民國二十三年（西元一九三四年）一月底，蘇聯紅軍由塔城的巴古圖邊卡入新境，爲了消除百姓的疑慮，他們奉命妝點成歸化軍的模樣進入新疆。紅軍的先頭部隊在迪化城外與馬仲英軍隊開展一場硬仗。當紅軍與馬部交戰時，紅軍看見馬部軍隊穿著破爛衣服，一副狼狽像，遂產生輕敵心理。馬部軍隊雖說攻城近一月，受盡嚴寒冷凍之苦，但依然頑強奮戰，毫不退卻，大破蘇聯騎兵隊，紅軍損失慘重。紅軍才曉得低估了馬仲英的軍隊，繼而派出坦克、飛機。在蘇聯空軍的轟炸及裝甲車的猛攻下，馬仲英的軍隊，終無法抵抗不支後退。

馬仲英在二月二十一日，退回吐魯番。本來預備退到甘肅，甘肅馬家軍防止其敗退入境，早派重兵防範。而大哥爲了徹底根除日本在新疆的勢力，要求蘇聯紅軍繼續向南追擊，直至完全消滅馬仲英軍隊爲止，省軍亦隨後追剿。連日克復托克遜、吐魯番、鄯善各地，斷其歸路，馬仲英唯有往南疆走。三月二十八日，馬仲英的部隊退至喀什葛爾，想以喀什爲根據地，再與大哥周旋。然而喀什的「東土耳其共和國」，排除中原漢回，企圖脫離中國而獨立，拒絕與馬仲英合作。馬仲英的部隊一怒消滅東土耳其共和國。四月十一日，蘇聯紅軍抵達新疆巴楚，瓦解了馬仲英軍隊，馬部另一名大將馬思明逃至印度。

蘇聯紅軍到達喀什，本可輕易解決馬仲英，然而，蘇聯紅軍卻停止追擊，沒有對馬仲英趕盡殺絕。這是因爲當時喀什是在英國的勢力範圍之內，英國與蘇聯之間，心結頗深，英國爲維護在藏、印的利益，唯恐蘇聯勢力南下，早在南疆擴張勢力。如果蘇聯在喀什發動討馬戰爭，勢必驚動英國，在井水不犯河水的默契底下，蘇聯所有顧忌。

雖然蘇聯的考量，大哥當時都曾料到，但那時有一項陰謀我們並未察覺。那就是當蘇聯停止追擊馬仲英，表面上說因喀什有英國領事館駐守，恐引起國際間干預。其實，蘇聯將馬仲英視爲一枚活棋，馬仲英驍勇善戰，是個有用的人才，蘇聯希望保存馬仲英的實力，以供日後當大哥不聽話的時候，制衡大哥的最佳人選就是馬仲英。

至於蘇聯爲何會幫助大哥打垮馬仲英?主要是馬仲英的背後有日本在支援，史達林唯恐馬仲英如果勝利，將使日本在新疆發展勢力，進而威脅蘇聯在新疆的權益，所以希望馬仲英失敗。而馬仲英爲圖東山再起，決定依附蘇聯，表示願去莫斯科學習，以便將來整訓軍隊，蘇聯政府同意。馬仲英於民國二十三年（西元一九三四年）七月十日赴莫斯科。

馬仲英去了莫斯科之後，七月十五日，新疆省政府曾向蘇聯駐迪化總領事要求引渡馬仲英，蘇聯以馬仲英係政治犯，引渡一節與該國憲法精神不和，予以拒絕。後來，大哥又要求幾次，蘇聯始終不讓引渡，大哥揣測他們的用意，也心存戒惕。最後，馬仲英客死異鄉。

馬仲英圍城，是羅文幹帶給新疆新政府的賀禮，也是促成大哥親蘇的導火線。大哥是個積極的革命份子，且受過最現代的軍事訓練及政治磨練。在東北郭松齡的手下，他看到廉正的操守是維持政權的基本條件，他努力效法郭松齡帶兵的原則；經過南京政府一連串的杯葛行爲，使他深深受到創痛。他以爲南京政府不是一個能統一中國的政府。從黃慕松、羅文幹到新疆所作的事情看來，印證過去他在南京所見的種種現象，貪污、弄權、紀律敗壞，這樣的政府怎能帶領全中國抵禦外侮？大哥不再信任中央，他才明白爲什麼有這麼多的軍閥割據一方，擁兵自重，不聽從中央的旨令。他明白那時的中國實在還沒有一個政府可以全心信靠。在這種情形下，他遵循前人的腳步，繼續擁兵自重，不再依靠中央，一切靠自己。他要建設新疆，他要施展抱負，讓世人刮目相看。

經過這番矛盾掙扎後，大哥已經不顧忌權力之爭所帶來的名譽毀損。從此以後，他與中央的距離愈行愈遠，甘冒中央的最大忌諱，選擇親蘇政策。氣的中央咬牙切齒，大罵大哥爲賣國求榮的漢奸。中央叫的越大聲，大哥越親蘇，甚至引進蘇聯紅軍進駐哈密，斷絕中央任何的軍事企圖。大哥這樣桀傲不馴的作風，中央只有徒呼奈何，一點方法也無。

眞正值得大哥高興的是，從此他可以直接爲新疆負責，他的精力不必再浪費在無端的爭鬥中，再也不用擔心受他人的掣肘，甚至制約。他是來做大事的，建設新疆的。可是，他的前途還是一片黯淡，而羅文幹的效應，正在逐漸擴大之中……。

# 八、打造新疆

民國二十三年（西元一九三四年）四月以後，大哥借助蘇聯紅軍的力量，徹底打敗馬仲英的部隊，瓦解了回部的勢力，一切危機似乎都有了轉機。並經過這一連串的波折，大哥總算成爲名副其實的新疆督辦。沒有外在的干擾，新疆政府的人事不再浮動，自從馬仲英進入新疆，新疆遭到連續三年的大動亂，各民族相互殘殺，牲畜死傷殆盡，人民貧困，財政凋竭，眞是到了要錢沒錢財，要人沒人才的窘境。圍城之難，更使迪化成爲滿目瘡痍的廢墟。雖說落後貧窮是新疆的寫照，卻無損這個地方蘊藏的寶藏，這個未開發的處女地，有人民也有資源，大哥要讓新疆成爲一個沒有乞丐的樂園，因爲他相信只要有心建設，新疆可以成爲中國的世外桃源。如今新疆沒有明顯的內憂，也沒有燃眉的外患，建設新疆成了他最大的責任，也是他一展長才的開端。

大哥全心投入新疆建設，他從事各項工作都帶著幾分狂熱，不時和時間賽跑，常常將時間不斷地壓縮又壓縮，他出席無數次的集會和會議，忙著寫電報，安排人事，體察民意，目的無他，他只想確確實實地掌握新疆的種種問題，而不是任由部下虛報情況，讓他做下錯誤的判斷。

首先，他仔仔細細地分析新疆的內外形勢。當時，外國勢力早以不同方法，不同形式，分割新疆：如蘇聯勢力在北疆，英國勢力在南疆。這種北俄南英的局勢，形成有好長一段時日了，使新疆受制於這兩大勢力極深。新疆地處中國邊疆，與中央相隔幾萬里，大山大水形成天然屏障。一旦新疆發生任何事情，遠水救不了近火，孤軍奮鬥恐怕是新疆必然的宿命。

再者，新疆人民的思想仍然保守，守舊之風瀰漫在新疆各階層。例如：農業方面，大部份仍採「無壟」式的耕種，就是把種籽拋在地下，讓牛羊踐踏一遍，然後任憑其自生自長；工業方面祇有傳統的手工業，沒有現代化的機器工業。而新疆的十四個民族各有各的宗教信仰，生活習慣，衝突在所難免。老百姓們只能勉強維持一個基本的生活，那有餘力建設家園。且歷來主政者不太重視建設地方，在得過且過的心態下，新疆一如往昔的貧困荒蕪。

建設新疆需要大筆資金，而「錢」卻是新疆最缺乏的資源。大哥曾於民國二十三年（西元一九三四年）三月二日，電請中央撥款，整理新疆財政，可是中央未加以理睬；七月二十二日，他平定馬仲英之亂時，再請中央接濟一千四百萬元，中央仍含糊未許。大哥屢次請求補助，始終得不到善意的回應。也許經過黃慕松和羅文幹事件後，南京政府自知無力掌控新疆，於是對新疆的要求一概置之不理。中央不補助一分一毫，沒有錢，談什麼建設？倚靠中央的夢幻滅後，自助，成了大哥唯一能做的事。

借錢，乃是大哥建設新疆的當務之急。可是向誰借錢呢？他十分注意蘇聯的發展，當他看到史達林「五年計畫」，蘇聯的進步是一日千里，有目共睹的。史達林第一次五年計畫，自民國十七年（西元一九二八年）十月一日起，至民國二十一年（西元一九三二年）年底完成，這個計畫使蘇聯能自製簡單的工具，不再依賴外國進口。正如史達林所說：「將落後的工業技術，改爲現代的工業技術，將蘇聯由衰弱的農業國家，變爲一個完全能自立的强大工業國家。」

史達林的第一個五年計畫成功了，震撼了全世界，導致全世界許多革命份子，嚮往共產主義，並紛紛前往莫斯科朝聖。中國有志之士更是趨之若鶩，從張季鸞先生在民國二十年（西元一九三一年）六月四日，發表〈讀日俄工業參觀記感言〉一文，可見一斑，張先生言道：

「日本一切能自造，而中國一切賴船來……蘇聯五年計畫，年來甚惹世界之注意，今觀特派員屢次通信，不得不承認蘇聯建設規模之大，極其進步之猛，蘇聯現政府之可稱者，則在有整個的遠大之計畫，自根本建設起來，以時計之，革命以來，僅十餘年，拚命建設，不過數年，而成績彰著，其原動力工業及其他重工業，漸有宏大之基礎。」

大哥也是這股潮流的隨波者，由於蘇聯的實例，使大哥對建設新疆有一份憧憬，他認爲只要遵照蘇聯的模式，新疆憑恃著先天的優越條件，也一定可以成爲完全自立的強大王國，所以他向蘇聯要求援助，除了金錢的資助，也請求經驗的傳授。

所謂合作需要兩廂情願，並不能單靠一方的熱情。當時有一個現實梗在眼前，那就是新疆是中國的地方政府。按規定，地方政府並不能直接與他國進行外交和借貸的活動。依循常理，新疆應該先尋求中央的援助，如果中央沒辦法，才由中央代爲向各國尋求借貸。換句話說，向蘇聯求援，必須透過中央政府的交涉訂約，可是，形勢逼人，新疆請求中央支援無望，大哥只好尋求體制外的管道，直接找蘇聯借款。

按照國際慣例，蘇聯是不能同意新疆的請求。但事情就妙在蘇聯居然同意貸款幫助大哥建設新疆，將南京政府頻頻的施壓，置之不理。仔細分析蘇聯的動機，絕對不是同情大哥，或是重視人才，也不是解救新疆人民於水深火熱之中，而實在基於蘇聯國家的利益考量爲前提。試想：新疆長年處於動亂之中，蒙受最大損失的，就是蘇聯。所以蘇聯不希望新疆的動亂持續擴大，且希望進一步扶持一個親蘇的地方政府，不但可以穩定邊界安全，也可以繼續蘇聯的既得利益。剛好大哥對馬列主義極有興趣，他所率領的新疆政府又是中央任命的合法政府，支持大哥不會加劇中蘇關係的惡化；又可利用大哥，在新疆增強勢力對抗英國與日本。此時蘇聯也提出「扶助弱小民族」的口號，於是就順水推舟，答應支援新疆建設。

民國二十三年（西元一九三四年）九月間，蘇聯特派國外貿易銀行理事長司瓦尼孜（Suandze），偕同專家顧問多人，到新疆做實地考察，經過兩個月的考察與設計，雙方簽定借款額度爲金盧布五百萬元。民國二十四年（西元一九三五年）五月十六日，雙方簽訂「貸款合同」；這件貸款案，也引起中央高度關切，基於政治倫理，大哥還是在事後，將貸款事實向南京政府報備。

大哥尋求蘇援的動機，可以從兩方面來談：

㈠**思想方面**。

大哥之所以會到新疆，有一個很大的原動力，就是想接近蘇聯，看看馬列主義被實際執行後的成果如何。當時大哥眞的以爲共產主義可以減輕人類因飢饉、貧窮，和疾病所帶來的痛苦，帶給衆人較好的生活，可以調和社會種族及地區上的衝突，並把各民族的不平等降到最低，並堅信共產主義能救國。

㈡中央排擠。

如果沒有中央惡意的排擠，大哥不會有這麼膽大的行動，那時中央不但排擠，還處處打壓。七月十六日，大哥致電南京政府，報告與蘇聯接洽借款的整個過程。卻在七月二十八日得到這樣的回應：外交部要求蘇聯未得中央許可前，勿與新疆訂立合同。中央不補助新疆，可能是基於中國內亂不斷，事事以中國內地的事宜為前提，無暇顧及新疆。可是，當大哥自求援助時，中央還是百般阻攔。這種不衡量整個情事的作法，最後造成大哥不得不和中央斷絕往來。

至於蘇聯援助新疆的眞實情形是這樣的：雙方約定，由蘇聯先提供物質和軍事援助，等新疆的牛羊長大，再把牛羊趕過蘇聯邊境，來抵償蘇聯所援助的經費。蘇聯不僅允諾協助新疆，更讓新疆感受到「先享用，後付款」的善意。在講求功利的國際關係上，蘇聯對新疆的好，是超乎常理的，大哥認為蘇聯這個共產國家的確不同於一般帝國，對新疆充滿野心。這種扶助弱小民族的高貴情操，這等不計較後果的作法，贏得大哥對蘇聯政府滿心的感激，更加深大哥對史達林的崇拜。

坦白說，和蘇聯往來的頭幾年，蘇聯對新疆眞的很不錯，提供充裕的物質，使得蘇援的民生日用品一時充斥在社會各角落，老百姓的生活改善許多，各項建設也起步發展，雙方彼此信任的關係，持續了好幾年。

至於有人質疑蘇新密約，是否有附帶條件，新疆方面是否同意給蘇聯以開礦、採石油等讓與權，或築鐵路到迪化的權利等？其實，所謂蘇新密約，就是中央不同意新疆私自與蘇聯訂定任何契約，蘇新一旦有任何約定，就成了所謂密約。然而這些密約的簽訂，大哥都曾向中央備案，因此，蘇新密約，是中原不瞭解新疆狀況的人所講的話。新疆與蘇聯本是互惠關係，新疆從蘇聯得到長遠進步，但在大哥的把關下，最後新疆並沒有讓蘇聯得利太多。

建設新疆，除了錢之外，還需要人才。人才，是建設新疆的主要動力，然而「焉知賢才而舉之」？新疆教育一向不普及，人才太少。大哥從小讀過聖賢書，知道「舉爾所知」的道理，他從內地找來志同道合的朋友，一起爲理想奮鬥。

民國二十三年（西元一九三四年）四月，大哥寫信邀請他的舊日同學友好，如何語竹、崔國政、宋念慈、郎道衡、徐廉、康炳麟、王立士、王延齡、程東白、郭喜艮等十人來新疆。他們都是大哥的摯友。大哥在日本參加開原縣留日學生同鄉會，經常與他們在一起研究馬列主義。大哥延攬他們進入新疆，爲共同理想打拚，人稱「十大博士」，他們成爲大哥建設新疆的重要幕僚。

四月七日，大哥首先公佈八大宣言：

實行民族平等、保障信教自由、實施農村救濟、整理財政、澄清吏治、擴充教育、推行自治、改良司法。

這是建設新疆的基本藍圖。四月十八日，全疆在迪化召開第一次各族代表大會。八月一日，新疆民衆反帝聯合會成立，大會推選何語竹爲委員長，祕書長由郎道衡擔任，組織部長王立士，宣傳部長徐廉，青年部長程東白。後來經過十大博士的引見，又有一批知識份子來新疆，其中有周春暉、傅希若、邊燮清、趙曾省、索文林、宋小坡、方靜遠、叢晶彈、爾志超等人，這些人有的是共產黨員，有的是左傾青年，人稱「十小博士」。

有了人才，還要有指導才行，大哥積極爭取蘇聯全面協助，並請求蘇聯派幹部來新疆指導工作。史達林除了支援大哥大量軍火，還支援了他的經濟建設與文化教育事業，並派出二十多名優秀的共產黨員來新疆，協助相關工作的推展。民國二十四年五月，俞秀松等二十五名聯共黨員陸續由蘇聯到新疆，俞秀松被派任爲反帝會祕書長。

民國二十四年（西元一九三五年）十二月，大哥將原來和平、反帝、親蘇三大政策，根

• 民國 32 年父親七十大壽，攝於迪化督辦公署

據八大宣言和九項新任務，演繹成六大政策，擴充爲反帝、親蘇、民平（民族平等）、清廉、和平、建設爲六大政策。六大政策正是大哥打倒帝國主義，解放中國總政治路線的最高理論，也是根據世界現狀，及中國情勢，配合新疆的實際情形，而產生出來的。

大哥在民國二十八年（西元一九三九年）九月，召開全疆代表大會時，曾公開表示：「國內有國民黨政治集團，共產黨政治集團，新疆有六大政策集團，以上這三個政治集團，均有極明顯的政治主張。」所以他說：

新疆不是國民黨天下，也不是共產黨天下。

新疆政府根據六大政策，製作六星旗，已與青天白日滿地紅國旗並列。有人對大哥此項舉動深感不滿，認爲他大逆不道，是個叛國賊。

此時，大哥的確有意來個三分天下。因爲大哥對國民黨的作爲不敢苟同，國民黨內部的角力互鬥與貪官污吏，無法做中國的表率；共產黨則是泥菩薩過江，自身難保，大哥認爲他的六大政策優於國民黨與共產黨，在那個槍桿子出政權的時代裡，大哥的想法並不算過分。

# 九、新疆新風貌

得到蘇聯的援助之後，新疆獲得實際的獨立空間。南京政府既不願撥款建設新疆，又不能供給必須的援助，因應新疆內外的需要。新疆與南京之間的聯繫，細微脆弱的幾乎於斷裂的地步。不過，大哥仍維持與南京政府表面的關係，只是新疆的內部建設，南京政府已無權置喙。

從民國二十三年（西元一九三四年）起，大哥結合志同道合者一起努力建設新疆，經濟上有蘇聯的支援，還有大批俄籍顧問專家協助建設，短短幾年時間，新疆得到突飛猛進的躍進，從政治、經濟、軍事乃至文教等方面，已然成爲中國各地最優越的地區。大哥效法蘇聯，也在新疆實行三年實業計劃。第一年從民國二十三年起（西元一九三四年）到民國二十六年（西元一九三七年）止。

大哥是個務實派的軍人，集思廣益是他的長處，他自己全心投入建設，也讓全疆的人民動起來。他一切以身作則，勤儉耐勞，律己甚嚴，凡事講求效率。一切工作隨到隨辦，按期完成，各種事業均上軌道。新疆與別處不同，在那個非常時期，大哥把全部的決策權，一手攬起，所以他用人一切以能力為考量，不喜歡關說。

整頓新疆，大哥首先從澄清吏治開始，清廉，是他對官員最基本的要求。由於過去新疆政府機構不太健全，重疊、臃腫、官僚作風濃厚、行政效率不高、盛行賄賂、貪污成風。老百姓怨聲載道，指責地方父母官不為百姓伸張正義，反而處處為難。大哥一上台，就積極撤銷不必要的機構，裁解冗員，實施兼職不兼薪的原則，公佈了「新疆省懲治官吏貪污條例」。成立特種法庭和財政監察委員會，專門監察各機關財務，審理公務人員貪污案件。凡貪贓自五百元以上者處死刑或無期徒刑。當這些法規一公佈，許多官吏依然我行我素，認為這只不過是新官上任三把火的作秀心態而已，不太理會這些懲治條例。等到民國二十三年（西元一九三四年）呼圖壁縣長徐文彬，和督辦公署傳令隊長劉鎰、營長權中海，均因貪污罪被槍決。大家才知道，大哥是認眞的，不是開玩笑的，貪污受賄風氣收斂不少。可是大家還是在觀望，看看這樣認眞的執行到底能維持多久？一直到民國二十五年（西元一九三六年），奇台地方稅局前後任局長，均因貪污罪在迪化舉行公審後被槍決。從此以後，公務人員才知道貪污是盛世才最大的禁忌，想要平安無事，最好不要貪贓枉法。因此，大家都不敢貪污了。

新疆的經濟基礎在農牧，人民的生活依靠也在此，大哥學過政治經濟，他知道農業和牧畜業的重要性。大哥極重視農牧發展，選種，護地、使用現代化的機械、提高品質，都是新疆農牧發展的方針。春耕貸款則是新疆的首創，大哥認爲政府犧牲一些錢，協助老百姓改善耕種方法，提升農牧產量，老百姓的生活品質才能改善。在新疆正面臨建設需錢之際，大哥大力推行春耕貸款的舉動，讓我覺得他不但是個行事有規則，且是個有魄力的人。

大哥在禁煙、禁毒、禁賭、禁娼、取締蓄婢制度上，也極有成效。

新疆過去深受鴉片危害，金樹仁公然在公田上種鴉片，甚至無錢發餉時候，則改發煙土爲餉，造成省軍士兵多是大煙槍。街上到處有煙攤，抽大煙者處處可見。大哥頒佈了「新疆省禁煙治罪條例」和補充條例。他採取的措施是這樣：種毒者判刑最重，運毒者次之，吸毒者無罪，僅送去戒毒所免費戒毒。也採連坐法，例如：某縣查獲有種毒者，縣長也要連帶處分。所以，在新疆幹過縣長的宋念慈曾說：

「在新疆幹縣長很辛苦，常常要下鄉查訪是否有人種鴉片。」

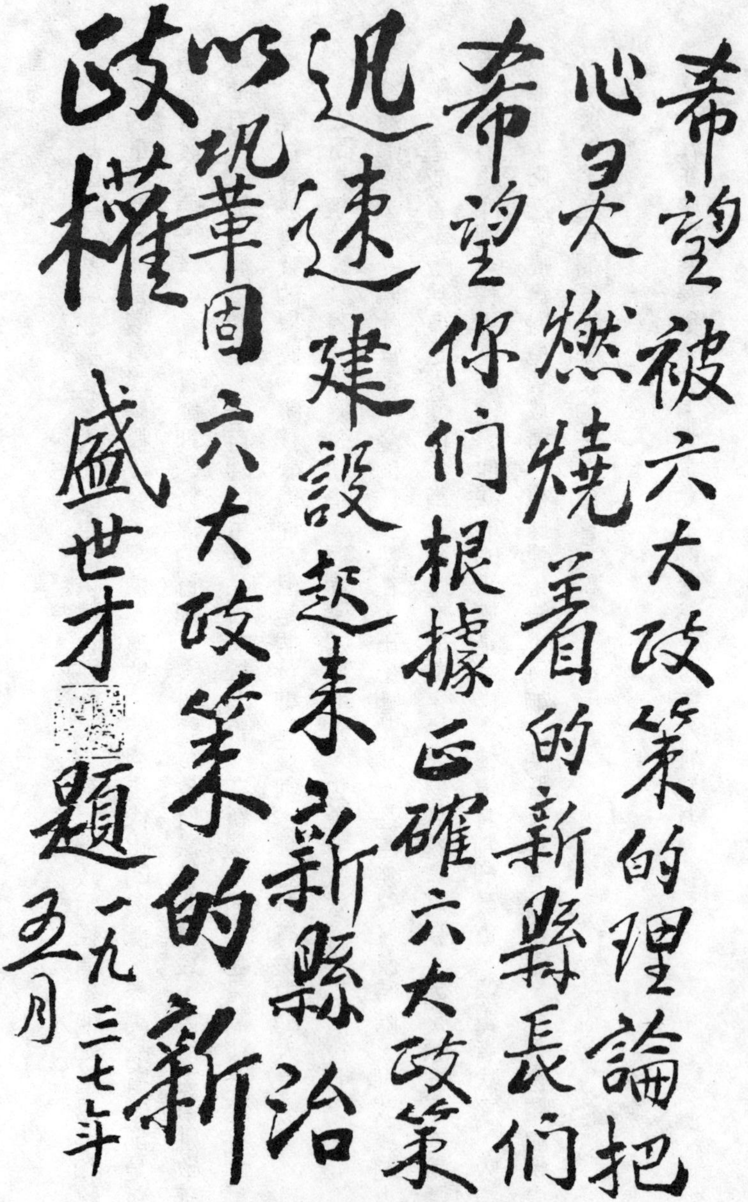
希望被六大政策的理論把
心灵燃燒着的新縣長们
希望你们根據正確六大政策
迅速建設起来新縣治
以鞏固六大政策的新
政權
盛世才 題
一九三七年
五月

• 爲新疆省縣長訓練班同學錄題詞

在嚴刑重罰之下，一兩年後，新疆境內再也沒有人敢種鴉片及運毒。吸毒風氣就慢慢清除了。

禁賭方面，大哥也是一樣雷厲風行。過去新疆各階層賭博成風，打麻將、推牌九各種賭具、賭法都有。大哥下令嚴禁賭博，省政府祕書主任羿鶴過春節時賭博，受到「新疆日報」的公開點名批評。賭博風氣逆轉直下，賭博不僅是犯法也是犯罪，在道德上給予很嚴厲的批判。以後，市井小民也不再光明正大的賭博了。

取締妓館，是新疆保障婦女的行動之一。過去，受到傳統習俗的影響所致，婦女的權益並未受到政府高度的關切，由於大哥和大嫂都是先進份子，對婦女權益相當重視。而妓館是許多貧苦人家的女孩被販售前往的所在地，她們不僅要承受皮肉之苦，還要接受不人道的對待。而在此處流連者，三教九流皆有，不但會敗壞社會風氣，並形成社會罪惡的淵藪。另一項蓄婢制度，也是舊社會的陋習之一，在蓄婢制度下，女子不但沒有尊嚴，還上演出許多慘絕人寰的虐婢事件，令人落淚，爲打破這個陋習，大哥便在新疆婦女協會下設立救濟部，收容無家可歸的婦女，施以職業教育，讓她們有自我謀生的能力。

以上這些措施，使新疆社會出現了新的氣象，人人平等，男有分，女有歸，鰥寡孤獨廢疾者，皆有所養。夜不閉戶，路不拾遺，矯正了舊社會遺留下的不良生活習慣及風氣。然而要讓新疆起飛，除了消弭舊有不良的制度外，最重要還要發展。經濟的發展是最基礎的一環，經濟就是貨暢其流，物盡其用。在暢流過程，最要緊的就是交通，沒有交通條件，貨物就不能暢其流。於是，規劃交通網路成爲經濟建設的基礎工作。

建立交通網路，是大哥開發新疆最有貢獻的一環。新疆的交通受到沙漠、戈壁及山地的影響，交通建設極爲困難，以哈密至伊犁這一條路線來說，因爲路基不堅固，橋樑缺乏，僅能以駱駝和牛馬騾爲運輸工具，現代化的交通工具如汽車則通行不易。楊增新時代採取閉關自守政策，唯恐交通線被蘇聯人利用，寧願交通敗壞。金樹仁時期則處於戰亂頻繁時期，無力築路。

大哥爲了抗戰，修復迪化到伊犁，和迪化到哈密兩條公路。自民國二十四年春季著手進行修築，到二十六年七月一日全部完工通車，總長二八五九公里的長程，說起來這是第一個三年計劃的工作。到七七抗戰後，這條路線又展至星星峽與西北公路銜接，西延至中蘇交界的霍爾果斯。當時，在國際運輸上發揮了極大作用。其他還有迪化到塔城六百九十公里，迪化到喀什一千五百公里，除了修築更負責保養，並在迪化設置運輸管理局。我二哥曾任新疆省公路局局長。

除了公路之外，交通建設中還有一項值得一提，那就是架設有線電、無線電的通信系統。這當時是先進科技，無線電台在民國二十三年前全疆只有一座電台，民國二十四年增加數台，凡第一期三年計劃中擬設之電台，已在民國二十七年度完全如期完成。這樣一來資訊的掌握更爲快速，也加速新疆社會的發展。

大哥擅用高科技產品，我欽佩他有遠見，尤其是裝設電話這一項。過去全疆只有迪化電話局一處，全迪化所裝設的電話不及三十具。民國二十五年（西元一九三九年）電話局撥歸交通處管轄，迪化市電話在民國二十六、七年內擴張至三百號。同時開展長途電話，在民國二十五年中購置長途電話二十八處。民國二十七年新修長途電話線達一千三百里，又設話務處七處。民國二十八年伊犁也設了電話局，裝了電話八十餘具，總合迪、伊、喀三電話局所裝電話在八百具以上，交通處並籌購自動電話機二千號再擴充。掌握先機，就能創造奇蹟。當時，大哥有專用電話，他不必出門就能遙控整個新疆。因此，大哥治理新疆，一點都不慌亂，靠的就是現代科技帶來的便利性和實用性。

除了這些之外，大哥卯足了勁提升教育。他很看重教育，這跟他從小接受的薰陶有關。曾經有人衡量一個國家的強弱，是以軍備的強弱，資源的厚薄，工業程度的高低，人口的多寡爲準。然而大哥計算一個國家的國力，卻認爲應以國家的青年知識，和科學、技術水準的總和來評量。知識就是力量，大哥在求學歷程有很深刻的體認，所以，他積極推廣國民教育，他認爲唯有老百姓有知識，才能有判斷事情對與錯的能力，才不會受到有心人士的煽動，人云亦云，受人蠱惑。大哥相信教育如果不普及，任何政策都無法落實推動。

當時，新疆老百姓對受教育，普遍沒有正確認識，有錢的維族「巴億」（維語，意指財主），甚至僱人去上學。當時許多百姓，三餐都成問題，致於讀書還是抱著不敷成本的概念，因爲受教育後，對實質的經濟生活沒有立即的成效，因此，受教育的意願十分淡薄。大哥主政以後，維族「巴億」僱人上學的陋習被禁止。大哥只問教育對整個新疆日後長遠的影響，於是不分個人身分、社會階級和族類，要求教育上的機會均等，達到全民族、全人類的和諧與進步，以消滅階級之界、族類之分和畛域之別。我曾做過師範學校的校長，參加擴大招編工作，讓各地把各民族最優秀的人都送來迪化，接受教育，學習期間一切均是公費，加惠不少學生。大嫂和妹妹盛世同也在新疆教育上，盡不少心力。

其他如整編和改造軍隊，都在蘇聯軍事顧問和專家的協助下，將全省軍隊重新加以整編，淘汰老弱，留存精壯，配備蘇聯的新式武器，施行嚴格的軍事訓練。更成立「新疆反帝軍」，顧名思義就是反對帝國主義，特別是反對日本主義對中國進行侵略的軍隊，認眞執行「保障新疆永久爲中國領土」大哥把流浪漢及無業遊民集合起來訓練，讓他們無後顧之憂，所以新疆的部隊沒有逃兵。

至於經濟計劃，首先就是鞏固金融，改革幣制。當時，新疆紙幣紊亂，幣值在金樹仁時代狂跌不止，原因很多：戰亂及中央協款斷絕，千兩鈔票不夠一斗之糧。一般民衆重視現銀而輕省票，狡黠者居奇抬價，藉圖厚利；愚拙者藏其所有，使現銀無法流通。市面現銀漸漸減少，甚至匱乏。於是，民國二十八年（西元一九三九年）二月初，新疆政府爲了進一步發展商業，經過縝密的考慮與長期準備，決定改革本省幣制，發行有充分現金做準備的大洋新幣。

新疆的幣制改革相當成功，這套改革計劃主要出自蘇聯顧問的操盤，才使改革順利完成。中國大陸出了一本《毛澤民傳》，裡面內容極度稱讚毛澤民對新疆幣制貢獻最大。其實，毛澤民的才能平平，學歷不高，對金融財政只是皮毛的認識，財政部有許多蘇聯顧問，一切改革計劃皆出自他們的手，毛澤民只不過居功而已。至於爲什麼大哥要給毛澤民任財政部長的職務？這是爲了向世人宣示，盛家絕不貪污，所以財政部長職位不任用自己人。

從民國二十三年（西年一九三四年）起，到民國二十八年（西元一九三九年），六年來的努力建設事實告訴世人，新疆確實有長足的進步，各族人民的生活都有了明顯改善。農牧業的發展，工礦的開發，外貿的拓展，文化的平衡，衛生保健的建立，社會救濟等，大哥都做了全方位的計劃和推行。有此成績，蘇聯顧問的協助，當然是一大主因。

大哥眞的做到「全疆沒有一個乞丐」的諾言，造就了一個最開明而新興的地區。國內各地青年紛紛到新疆來謀生，嚮往之情不可遏止。當時中國各地乞丐到處竄流，就連北京、南京、上海各摩登的都會區，都有乞丐的蹤迹，而新疆沒有。大哥自己係貧困出身，知道老百姓的疾苦，所以，他的政策一切以改善人民生活爲依歸，保障人民的基本生活權。大哥絕不讓老百姓淪落爲乞丐，因爲一個乞丐，就是一個恥辱。

然而這些治績，在大哥下台後，被國民黨與共產黨兩黨給抹殺了，彷彿大哥在新疆只會殺人，而不會建設。其實，今天新疆現代化的規模，早在大哥時代就已經打下基礎的。

# 十、親蘇政策的原委

無論大哥把新疆建設成怎樣的樂園，他的親蘇政策始終遭人質疑！大哥曾力辯之所以採取親蘇政策，是爲了建設新新疆，同時也爲了剷除帝國主義的勢力，特別是日本。他更明白表示，他是以夷制夷，利用蘇聯的力量，把日本驅離中國。但言者諄諄，聽者藐藐。許多人解讀大哥的親蘇政策，都認爲他是個賣國求榮的野心份子。不僅國、共兩黨的人員如是說，就連英國、日本等國也紛紛藉此批判大哥。當時，國民政府曾經幾次強烈地反蘇、反共，大哥仍然義無反顧，認眞地執行他的親蘇政策，此舉在現實的政治裡，自然帶給他絕對負面的批評。尤其當時新疆事務並沒有公開，內地只能遙觀，距離成了必然的障礙。

如今，遠眺新疆的親蘇政策，就像站在海岸峭壁上，觀望巨浪咆哮地衝擊岩岸，浪碎波滅，岩岸依舊，一切都未曾改變，新疆依然屹力在中國的版圖上，國界沒有一分一毫受到減損。親蘇政策的得失，不是單從抨擊聲的大小來瞭解，也不是單從國際輿論的聲音來思考，

•迪化蘇聯領事館，位於南花園附近

而是要先分析親蘇政策制定的背景和動機及其效應，才能呈現歷史的原貌。

大哥的親蘇政策，是一步不得不走的險棋：這步棋不這麼下，新疆社會紛擾不安，百姓不得安寧；一旦走了這步棋，還得防範引狼入室的下場。在走與不走間，大哥不斷掙扎、觀察。他思索好一陣子，得失權衡下，爲了保境安民，他的這步棋走得問心無愧。

具體而言，大哥的親蘇政策，是由馬仲英圍城所促成的。民國二十二年（西元一九三三年）十二月下旬，馬仲英圍城，迪化吃緊，大哥派出他的外交署長陳德立和航空隊隊長姚雄，正式前往蘇聯尋求支援。陳德立原是新疆省政府駐塔什干的領事，會說俄語，與蘇聯駐迪化總領事的關係不錯，他派陳德立請求蘇聯當局給予援助。不久，蘇聯即派紅軍協助新疆打敗馬仲英。老實說，當時蘇聯的出兵考量，絕不是因爲大哥個人的魅力，而是他們深懼日本法西斯勢力深入新疆，將對蘇聯不利。所以，才出兵協助新疆，這場解圍之戰，開啓了蘇新合作的模式。

許多人質疑，盛世才以一個非共產黨員身分，何以能得到蘇聯大力相助？蘇聯領袖史達林的精明幹練，全世界有目共睹，他不可能無緣無故幫助一個沒沒無聞的小輩。是不是新疆給了蘇聯什麼好處？譬如採礦權，築鐵路，駐軍權等，方使蘇聯願意鼎力援助呢？其實，大哥經營蘇聯的關係，並不像外界想像的那樣詭異，而是順應時勢。的確，大哥以一位非共產黨員的身分，獲得蘇聯無私的援助，簡直破天荒。大哥到底有何魅力，使蘇聯願意協助他？說起來，應該是因緣際合。大哥在日本求學期間，早已注意蘇聯的發展情形，他雖不是共產黨員，卻十分傾心共產主義，且有强烈的學習慾望，並對蘇聯的發展很感興趣，他來新疆的目的，確實是爲了接近蘇聯。那時，蘇聯正實行共產主義，在短短幾年時間，從貧窮落後的國家突飛猛進，成爲舉世矚目的强國。他想看看蘇聯是怎麼建設國家的？由蘇聯富强的模式，是不是可以使中國早一點脫離貧窮的陰影？而共產主義能不能爲中國帶來正義公平與人性尊嚴。

至於蘇聯方面，他們一切秉持「國家利益至上」的原則，面對大哥的示好，他們同樣審慎評估，絕不輕易允諾。他們對大哥做過詳盡的身家調查，發現他對自身的要求，很符合一位革命者的精神，勤儉、刻苦、樸素、無華，學歷也不錯。因此，蘇聯願意爲他打開一扇友善之門。而同時史達林也正以「扶助弱小民族」爲口號，以示共產國家不同於帝國主義國家。雙方的立場原本很單純，大哥希望建設新疆，驅除日本；蘇聯希望找一個聽話的中國地方政府，減緩中蘇矛盾。就在這樣的時機中，大哥與史達林一拍即合。

由於史達林對新疆鼎力相助，新疆一步一步邁向現代化。大哥異想天開，以爲只要追隨蘇聯的腳步，新疆的明日一定比今日更好。初期，大哥被共產主義沖昏了頭，在民國二十三年（西元一九三四年）底，大哥有意在新疆實施社會主義制度，他爲此作了一項嚴重的錯誤決定，就是沒收了新疆「巴億」（維語，意指財主）的財產，後來新疆並未實施社會主義。也許當初我們太一廂情願，太好大喜功，太異想天開，到了後來，大哥逐漸認識蘇聯的眞面目後，大哥對沒收「巴億」財產這件事一直很後悔。

親蘇政策認眞地執行了八年，前五年是親蘇政策的蜜月期。蘇聯派了充沛的人力前來新疆協助建設，提供設備，設計制度，供應物資。大量的顧問羣在醫院、在礦坑裡、在邊務處，在新疆的每一個機關裡。軍事、財政、政治顧問和技術專家多達三百餘人。這段蜜月期，蘇聯對大哥可以說有求必應；同時，大哥全力配合蘇聯，一切以蘇聯爲馬首，絕對忠誠以待，雙方各蒙其利。

親蘇政策能順利的推展，另一個主因就是中日戰爭爆發。抗戰初期，中國的援助來自蘇聯，蘇聯之所以援助中國抗戰，純粹是日俄的矛盾日深，蘇聯的遠東政策與日本滿蒙政策同是擴展侵略的霸行，兩國爭霸，必有一戰，中日戰爭爆發，莫斯科欣喜若狂，因日本已無力進攻蘇聯。於是，中蘇簽訂「中蘇互不侵犯條約」，蘇聯開始援助中國抗日。新疆不僅成了物資運輸的轉運站，大哥也成了中國和蘇聯之間的橋樑。

抗戰爆發，中原擾攘不安，各方勢力都在新疆的邊界蠢蠢欲動，包括中央軍，青海一帶的馬家軍，甚至英國、日本，都在新疆與甘肅的邊界不斷的製造事端。

大哥讓蘇聯紅軍駐守哈密，這批紅軍，就是打跑馬仲英的軍隊，他們解除迪化圍城之難後，追討馬仲英到南疆，就沒有回去蘇聯，一直待在南疆。大哥不希望中原的動亂影響新疆的局面，爲了保衛新疆，防備日本侵略。新疆政府和蘇聯商量，讓蘇聯紅軍駐守哈密。

民國二十七年（西元一九三八年）一月，蘇聯紅八團和空軍一支隊，正式駐紮在哈密，紅八團是特種軍團，有坦克、飛機，大約有一師的兵力。哈密的地理位置正處於中國進出新疆的咽喉，是個戰略位置極佳的地區，很早就成爲兵家相爭之地。蘇聯紅軍一駐守哈密，立刻平熄哈密一帶不安定的引爆點，也保障往內地的物資運輸路線通暢，更防堵了馬家軍和中央軍的西向。自從新疆有了紅八團駐守後，欲染指新疆的各方勢力，均安分許多，新疆才得以全力發展建設。

紅八團駐守哈密一事，在中國境內立刻引起譁然，因爲大哥只不過是一介地方首長，居然如此蔑視中央的命令，公然引狼入室，這種大逆不道的行徑，遭致國際及國內的一致譴責，親蘇政策廣受批評。各方紛傳盛世才以阿爾泰金礦做抵押，換取蘇聯紅軍入新。甚至國內外謠傳新疆已經赤化，實施共產主義。外電更盛傳新疆已加入蘇聯，改名爲「土耳其司坦蘇維埃共和國」，日本外相廣田弘義更以「新疆赤化的報告」告知議會。國內消息多半都從外電報導而得知新疆消息，由於一時不能查證，鞭責之聲如洪水般襲來。在「一傅衆咻」下，大哥仍不改策略，不惜甘冒賣國的罪愆，繼續與蘇聯聯手，打擊帝國主義的侵略。

爲了消除中央的疑慮和不必要的干擾，大哥與蘇聯的交往，都採低調處理。例如：史達林派了俞秀松等二十五名聯共黨員，陸續由蘇聯到新疆，這些人的身分，當時都被列入機密，只有大哥一人知道，我們也是在事後才知道他們是共產黨員。

大哥有一套利國利民的政治目的，即使預知自己將來會身敗名裂，他也絕不半途放棄自己的努力和追求，仍然勇往直前，毫不理會各種謾罵和誣蔑，更不擔心有一天仆倒在地，會被一羣小人，作踐自己的名譽。他只是堅信六大政策一定有光明的美景。他做他所該做的，領導、建設、保障、和平、平等，清廉，他要新疆的各民族都能幸福快樂。

果然，由於大哥對親蘇政策的執著和鐵腕作風，新疆終於從貧窮落後，脫胎換骨成爲中國最先進的特區；一個沒有煙毒犯，沒有逃兵，沒有貪官汚吏，沒有乞丐的樂園。那個時候的中國，包括中共所標榜最進步的解放區，都無法和新疆的水準相比。

爲了盡快使新疆能完全獨立自主，培養人才一直是新疆最迫切的事，而最快速的人才培養法，就是派人留學蘇聯。每一年都有好幾百個名額，許多有志青年，均渴盼爭取留學的機會。有人說：「盛世才爲了討好蘇聯，派了兩個弟弟到蘇聯留學。」我和四哥盛世騏留學蘇聯，是事實，但絕不是爲了討好蘇聯，我們都希望到蘇聯留學，原因無他，只爲了我們和當時的人一樣，對共產主義仍有美麗的幻想。當時，英國領事曾推薦我到英國讀書，英國願意提供全額獎學金，我沒有首肯。一來太遠，二來，我不喜歡他們的帝國主義作風。

留學蘇聯，我進入東方大學，四哥盛世騏進入紅軍大學，我們都因大哥的關係才進得去這兩所著名的大學。東方大學是蘇聯的黨校，是共產國際爲東方各國訓練共產革命家的大本營，東大學生分爲二大部分：一大部分學生係來自蘇聯內東部經濟較落後的共和國，如亞美尼亞，喬治亞，阿塞爾拜然，中亞細亞等共和國。另一大部分則是中國和印度、日本、韓國等殖民地和半殖民區的學生。教學目的就是培養他們成爲適合於亞洲的革命幹部。當時，我們以朝聖的心情來蘇聯吸取富國强兵的治術，一點都不懷疑蘇聯的居心。還眞的以爲蘇聯是天堂，史達林是可以力挽狂瀾的救世主。

親蘇政策執行的成效很理想，新疆得到十足的進步，大哥感念蘇聯給予的情誼，因此，他十分渴盼能加入共產黨。他希望加入中國共產黨，史達林不同意。爲了使大哥更臣服蘇聯，史達林要與大哥會商，於是在民國二十七年（西元一九三八年）八月下旬，大哥以治病的理由，前往蘇聯，會見史達林。

面見史達林，對大哥而言，是多麼光榮的事！那個年代裡，對地球上擁有廣大土地的國家而言，史達林的言語就是法律，而他接見大哥時，要他加入聯共，不必加入中共，大哥欣然答應。大哥以爲加入聯共後，蘇聯幫助新疆，將變得理所當然。他與史達林面談數個鐘頭，廣祿因此發出不平之聲，說史達林接見各國元首，不過幾分鐘，爲何接見大哥要長談數個鐘頭？可見他們的談話一定有不可告人的祕密。

是的，他們的對話相當機密，當時史達林有個提議，要大哥把新疆讓給蘇聯，而紅軍幫大哥拿下青海、甘肅等地作爲交換。爲什麼史達林會有這個提議？因爲史達林看上新疆豐厚的地下資源，又加上那時中共已經被南京政府打得落花流水，退居延安無所作爲了。史達林希望扶持大哥成爲中國內地另一支革命隊伍，好代替毛澤東。大哥沒有表示可否，他只是一味向蘇聯强調，建設好新疆，對雙方都有好處。至於這件事，他始終沒有給予答案，只說他會考慮。

如果說，大哥對新疆有野心，不如說大哥對收復東北，更有股强烈的使命。大哥雖然留學日本兩次，但對他們帝國主義心的態極爲反感，尤其是日本人侵略東北，殘殺不少同胞，又實行三光政策，就是「殺光、搶光、燒光」，帶給東北深重的災難，更令大哥無法忍受。他爲什麼選擇新疆做爲他的發展地呢？目的只有一個，那就是希望利用蘇聯，把日本人趕出東北。這個心願埋藏在我們每一個東北人的心中，張學良以一個不抵抗主義，讓東北淪爲日本的殖民地，使東北人在全中國抬不起頭來。東北人必須光復東北，趕走日本鬼子。可是，要把日本軍趕出東北，靠國民政府的力量是行不通的，當時日本太强，中國太弱。大哥仔細研究過世界局勢後，他發現日俄之間的矛盾，雙方終會爆發一場不可避免的戰爭。大哥以爲要打敗日本，奪回東北，唯有靠蘇聯，只要好好維持與蘇聯的良好關係，治理好新疆這個地方，不怕蘇聯不幫這個忙。親蘇政策，這才成爲大哥以夷制夷的策略之一。

大哥從蘇聯回來，史達林的提議茲事體大，一直縈繞在他的腦海，他不是不知道蘇聯的野心，蘇聯的野心有其歷史性。從歷史的演變來看，蘇聯對新疆從來不曾放棄，親蘇政策實行的結果，新疆可能成爲蘇聯的附庸國，爲避免新疆最後淪落到蘇聯手裡，親蘇政策執行的當下，大哥已經做了最大的防衛，那就是提出「永遠保持新疆爲中國領土」的口號。新疆全省各重要通衢都漆有經常性的巨型標語「永遠保持新疆爲中國領土」，這個標語就是防止蘇聯的野心擴大，也因這標語，使蘇聯對大哥逐漸生恨。

大哥認爲新疆還不成氣候，需仰賴蘇聯的地方太多，各方面還不能獨立自主，此時絕不能得罪蘇聯，至於讓渡新疆，一點頭，自己就成了千古罪人；一搖頭，同時也會搖落腦袋。這事令他如臨深淵，如履薄冰，戰戰兢兢一刻也大意不得。大哥爲了不讓蘇聯起疑心，盡可能配合蘇聯的要求，能敷衍就敷衍。大哥曾與我商量過此事，我堅決反對。我說：「東北已經在張學良不抵抗主義下丟了，西北如果又在我們東北人手下丟失。這樣，會讓我們東北人無法在中國抬頭。何況，青海一帶都是馬家軍的天下，即使青海拿到手，回教勢力還是無法擺平。我們只要把新疆治理好，才好回東北。」這也是大哥的心意，我們的目標就是要收復東北，親蘇的目的只不過利用蘇聯的力量，把日本人驅離中國而已。

大哥始終沒有直接答覆史達林的請求，史達林卻一步一步佈置新疆成爲他的領土。大哥也一點一滴看在眼裡，他不能反擊蘇聯，蘇聯是鐵、是鋼，而新疆什麼都不是，他知道這件事處理不好，不僅他的地位將喪失，連這塊土地都將從他的手裡淪陷。東北淪陷的夢魘，逼得他不得不謹愼應付。此時，大哥已經不是爲了他的政權而奮鬥，而是爲了這塊地方能完整保存在中國的版圖上而拚命。他實在不能公開與蘇聯作對，但暗中他也要讓蘇聯知道，他也不是好惹的。從每次的閱兵上，除了展現實力給國民黨看外，也是做給蘇聯看。新疆的兵馬不過一萬五千人，可是對外號稱十萬軍，爲了展現軍威，我們動了手腳，因爲人數太少，當一批隊伍通過閱兵台，走到轉角處，他們馬上換上另一套制服，又到後面排隊，一批接著一批，以示新疆的軍容壯大。其實就是警告蘇聯，如果蘇聯敢對新疆動武，新疆也有實力抵抗。

親蘇政策到最後之所以會變成反蘇政策，其實原因很簡單，那就是蘇聯對新疆起了野心，大哥爲了新疆主權的獨立性，不得不改變政策。世界各地接受蘇聯的支援，而沒有成爲蘇聯的附庸國，算起來大概只有新疆。大哥接受了蘇聯的大力支援，到最後，卻以超高的智慧，把蘇聯的軍隊逼出中國領土之外；而且，還能全身而退，舉目一望，全世界寥寥無幾。

# 十一、收容共軍

當共軍走投無路時，正逢新疆實行親蘇政策，新疆收容了他們。如果不是大哥當年太沈迷共產主義可以救中國的美夢中，共軍恐怕進不了新疆？中國共產黨可能不會壯大，大陸或許不會變色？

中國共產黨最初是由一羣愛國的知識份子所組成的，組黨只爲了救國而已。只是後來共產黨在蘇聯的調教下，徹底改變了本質。話說那時，民國二十二年（西元一九三三年）至二十三年（西元一九三四年）間，國民黨大力掃蕩共產黨，國民軍連續五次圍剿，終使共軍放棄贛南基地。共軍主力開始向西北展開二萬五千里的長竄，共產黨被打的潰不成軍，紛紛另尋出路。

民國十一年（西元一九二二年）國共合作期間，中國共產黨以個人方式加入國民黨，跨黨份子多如牛毛。在國民革命軍北伐時，國民政府形成了武漢聯合政府，以致寧漢分裂。民國十六年（西元一九二七年），國民黨第一次清黨，以雷厲風行的手段，殺了不少優秀青年。是年底，蘇聯與國民政府斷絕外交關係，共產黨成爲地下非法組織。那時，共軍曾發展到三十萬人之多。國民黨在蔣介石的領導下，堅持「安內攘外，抗日必先剿共」，於是展開一連串的圍剿行動。

第五次圍剿是在民國二十三年（西元一九三四年）春天到冬天進行，從鄂湘贛各省發動總攻擊，共黨殘餘從江西南胡內突圍西竄，分成兩路，一路由貴州、雲南進川康邊境，一路經由甘肅寧夏到陝北。往西北的共軍，分別由毛澤東和張國燾帶領。毛澤東所率的共軍殘部，後來以延安爲基地。民國二十四年（西元一九三五年）十月，中央爲了對付逃往陝北的共軍，在西安成立「西北剿匪總司令部」，調張學良率領的東北軍駐陝甘，擔任圍剿任務，並輔以楊虎成之西北軍，湯恩伯之中央軍，積極剿共。當時共軍人數減至五千，已面臨被消滅的命運。

而張國燾領軍的另一批紅軍，在甘肅曾與毛澤東會合過，由於毛、張之間的芥蒂，又各自分開。張國燾渡過黃河，繼續西進，擬赴外蒙另謀發展。結果西行愈遠，在甘肅的高台子與回教馬家軍激戰時，死傷逃亡過半。民國二十六年（西元一九三七年）四月，到達新疆邊界星星峽時，僅剩下四百多名士兵，個個都是衣冠不整，灰頭土臉，滿臉倦容相，李卓然、李先念等幹部不得不向新疆求援。

大哥爲何肯收容共軍，是不是奉了第三國際或史達林的命令，就不得而知了。但有一點可以肯定的是，新疆此時此刻正推行親蘇政策，大哥身旁的人員不是聯共黨員，就是共產黨員，又加上大哥本身對共產黨一直都寄予同情。在這種情勢下，共產黨員落難到新疆邊界，他焉有不伸出援手之理。

大哥命令新疆邊防督辦公署，邊務處星星峽辦事處主任王孝典熱情接待共軍，大哥把這批紅軍安排在西大橋紡織廠新落成的女工宿舍住下，給每人發了棉被、草墊、牀罩和枕頭，每餐有米有麵有肉，對傷病者給予悉心治療。

對於這批共軍，大哥處理方式還是採低調原則，主要是不希望太刺激國民政府。畢竟他是中央任命的新疆邊防督辦，僅採「將在外，軍命有所不受」的態度，不必與中央正面衝突。因此，他不願共軍公開身分，這批共軍的住所被稱作「新兵營」，意思就是新招募的軍隊。

共軍進入新疆兩個月，抗戰爆發，形勢逆轉。首先國共再度合作，國民黨對共產黨減輕壓力，新兵營得以長居新疆受訓。七月下旬，這批共軍被遷移到東門外營房區，與大哥的教導團裝甲車隊爲鄰，對外仍稱「新兵營」，整編爲四個大隊，學習政治、外語和各種軍事技術。大哥每月發給每位士兵一千五百兩銀票做零用金，排長五千兩，大隊幹部一萬兩，支隊幹部一萬五千兩，領導幹部就更多了。士兵每人每天配有四兩羊肉。天氣冷了，又給每個共軍發了皮大衣、皮帽、皮鞋，大大改善了士兵的生活水準，大哥也去過幾回新兵營。

另外，中共也在迪化設立第八路軍辦事處，與當時其他各省的辦事處不同的是，該處不公開，不掛牌，爲了掩人耳目，對外則稱「南梁第三招待所」。大哥十分同情共產黨的際遇，把他們當作自己的子弟兵一樣訓練，都有蘇聯顧問熱心指導。這批共軍總共在迪化待了兩年多，等他們回到延安，果眞成爲共軍的佼佼者，如李卓然、程世才、李先念、楊尚昆、王名震、劉慶南等人，後來都成爲解放軍的領導幹部。

這期間內地發生西安事變，後爆發抗戰。西安事變，主要由史達林指揮，中國共產黨策劃，再由張學良等人執行，在西安扣留了蔣介石。事變的動機很簡單，當時中國共產黨已被國民黨剿得元氣大傷，而日本在中國的氣焰日高。蘇、日在中國是一種互爲消長的關係，當日本勢力高漲，相對的蘇聯即喪失在中國的優勢。爲因應這種情勢，蘇聯於是命令中國共產黨慫恿張學良扣留蔣中正，停止剿共全心抗日。

當時，我還在東方大學讀書，西安事變一發生，蘇聯報紙一致支持張學良，沒兩天，蘇聯的口徑全改了，不支持張學良了，反而要張學良立刻放人。雖然我人不在新疆，不過就當時所有共產黨員都聽命於史達林的情形看來，新疆處理西安事變的態度，恐怕是跟隨蘇聯的腳步來行事。史達林為何會策動這次事變，主要是他希望蔣介石能抗日，否則蘇日之間的戰爭恐難避免。至於西安事變戲劇性的發展，關鍵在何應欽打算從南京進兵西安。史達林得知這個消息，擔心何應欽一炮打入西安，可能也把蔣介石打死。如果蔣介石死了，軍權勢必落入何應欽手中。中國軍權如果落入何應欽手中，將對蘇聯大大不利。蘇聯所得的情報顯示，何應欽是親日頭子，一旦何應欽掌權，必定與日本聯合起來，如此一來，中日聯合，對蘇聯將是一大打擊。所以，西安事變急驟的變化，端賴史達林的念頭如何轉動。

西安事變後不久，七七抗日全面爆發，國共戰爭暫且休兵，進而聯俄抗日，蘇聯因自身利益，支援中國抗日。所以，抗戰初期，國民黨、共產黨、蘇聯聯合在同一陣線，新疆自然也全力配合。新疆地處交通要道，因史達林支援蔣介石，中央成立中央運輸委員會，由我二哥盛世英領頭，負責由莫斯科經新疆到重慶運輸物資或軍火。藉此機會，蘇聯也順便將部分物品運往延安，使偏處陝北的延安，物資不匱乏。新疆便成為重慶、延安的補給站。抗戰期間，中國與蘇聯的關係時好時壞，交惡期蘇聯不援助中國，珍珠港事變後，才由美國支援物資。

抗戰初期，便是大哥與中國共產黨的蜜月期，民國二十七年（西元一九三八年）二月二十一日，毛澤東的弟弟毛澤民化名為周斌到新疆任財政廳長。中共幹部前往蘇聯參加國際會議，會報工作、或治病療傷，都在新疆逗留，周恩來前往蘇聯治療臂傷，也路過迪化，曾與大哥就雙方關係進行四次會談。除周恩來外，先後路經新疆的中共要員有鄧發、朱德、王明、康生、林彪等多人，迪化一時成為中共黨員的集會處所。

大哥一直想加入中國共產黨，曾多次表達要爭取加入共產黨的行列，最後並沒有如願。史達林為什麼要反對大哥加入中國共產黨？原因很簡單。當時蘇聯共產黨與中國共產黨雖站在同一陣線，一起發揚馬列思想，抵禦帝國主義的侵害。然而私底下，兩個組織各懷鬼胎，相鬥相爭，各不互讓，癥結點就在於新疆。蘇聯扶持中國共產黨是為了征服全世界，然而在蘇聯的觀念裡，新疆根本不是中國的領土，蘇聯共產黨希望佔領新疆，不希望中國共產黨在此地發展。蘇聯提議漢人佔居內地十八省，中國共產黨僅能在此十八省發展。然而中國共產黨不認同蘇聯的理念，他們基於歷史情結及實質利益著眼，堅持新疆是中國不可分割的領土，這是雙方明爭暗鬥的焦點。

當時大哥主政新疆，他不屬於任何一個黨派，只要拉攏大哥，新疆等於唾手可得，於是雙方都在大哥身上下工夫，史達林不願意大哥加入中國共產黨的原因就在此。縱使大哥曾強烈向蘇聯表達入中國共產黨的意願，史達林始終不肯點頭。最後，史達林只准大哥加入蘇聯共產黨，目的在於控制他，也就是不讓新疆脫離他的掌控中。

當時的新疆與中央貌合神離，可說是無援助可言，而新疆內部又在百廢待興之際，根本無禦外的能力，新疆無法跟擁有强大武力的蘇聯鬥法，大哥當時只基於歷史情結及實質利益著眼，堅持希望維持與蘇聯的良好關係，不但將新疆建設好，甚至未來能藉他們的力量，從日本人的手中拿回東北。因爲有這些種種的考量，大哥在表面上對蘇聯不敢有任何違拗之處。雖然他沒有加入中國共產黨，但基於自己人幫自己人的心理，他對中國共產黨還是在各各方面盡力的協助他們，除了教他們學習人文、政治、外語外，還分別派人教授他們有關汽車、裝甲車、大砲、飛機、無線電、軍醫、獸醫等特種軍事技術，還讓新兵營的共軍參加聯合軍種演習，以增加實戰的經驗，共軍第一批飛行員都是在新疆受的訓。

大哥眞心誠意地幫助中國共產黨，他認爲國民黨對共產黨趕盡殺絕，是一種暴政，他不能理解國家已經如此頹弱，爲什麼還要自我殘殺到這種地步？然而蘇聯不喜歡大哥與中共太親近，總希望大哥多用聯共人員，少用中共人員。大哥卻以爲都是中國人，不必分彼此。然而，大哥過於一廂情願的想法，這批共軍，畢竟是聽命於延安的中國共產黨，他只不過代爲訓練而已。當大哥從莫斯科回來就獲得情報，說中國共產黨八路軍的代表馮林（鄧發），正從事於不利新疆的種種活動。大哥打電報給毛澤東要他換人，毛澤東不同意。大哥有個預感，這批聽命延安的共產黨留在新疆，遲早要出事，但在不傷害雙方的關係，又能解決事情的唯一的方法，就是把他們遣送出境。

民國二十九年（西元一九四〇年），大哥決定把他們送回延安，由於人數龐大，竟用了五十多輛卡車運送。才運送的完。他反覆電請國民黨軍令部部長何應欽飭陝甘青朱蔣馬三主席准予隨時保護。趙明在《新疆烈士傳通訊》中說：

「盛世才撥給帶棚卡車三十輛，步槍三十支，子彈萬餘粒，手槍二支，子彈兩百粒，望遠鏡四架，藥箱兩個以備用，贈路費每人大洋五十，另贈送給朱德總司令，彭德懷副總司令機槍四挺，子彈四萬粒，防毒捐款國幣五萬八千二百三十元，大元寶一個重四十一兩四錢，派參議員丁寶珍帶兩名衛兵一名隨從攜械護送，並派他弟弟代表他送出三十公里，和每輛車上的紅軍戰士握手告別。（盛世驥先生指出按：車輛的正確數目應爲五十二輛卡車。）」

大哥對中共的協助是眞心誠意，無話可說。他認爲大家都在救國理應彼此合作。爲了保障共軍的安全，並派我二家兄押隊，親自護送共軍到延安。如此，馬家軍才不敢輕舉妄動。

當大哥送回這批代爲訓練的新兵之後，中國共產黨與大哥的關係惡化。再加上蘇聯聯合共產黨暗殺了我四哥盛世騏，大哥處決了毛澤東的弟弟毛澤民。從此，大哥與共產黨結下不共戴天之仇。

# 十二、列强在新疆

探討大哥主政新疆的種種問題，絕對要從世界局勢及新疆歷史談起。新疆地區有十四個民族，民族文化差異形成複雜的社會關係，然而眞正使新疆問題複雜化的，卻是來自各國勢力的介入。列強介入新疆的歷史由來已久。清初，蘇聯及英國就已經染指新疆。到了民國初年，英國、蘇聯、德國、日本在新疆都有據點，他們共同的野心，就是希望在新疆建立各自的殖民地。當時，中國國力疲弱不振，無法阻擋列强各國對新疆的覬覦。

當列强在新疆彼此發生衝突時，諜對諜的風雲乃是兵家常事。中英之間，中蘇之間，中德之間，中日之間，英蘇之間，英日之間，蘇德之間，都有錯綜複雜的關係。由於中國中央政府鞭長莫及，更因新疆政府與中央政府的芥蒂，新疆事務完全由地方政府主其事，在處理新疆問題上更是棘手，新疆問題想要單純化簡直不可能。

翻閱歷史，新疆一直是中國的燙手山芋，清中葉內地戰亂頻傳，無力顧及邊陲，更無力開採，索性興起放棄新疆的念頭，至少可以省下一筆大預算。這個提議，差一點讓光緒帝點頭，如果不是左宗棠大舉力保，中國恐怕早失去新疆這塊寶地。

新疆究竟有多好？讓這麼多國家爲之垂涎。說穿了，還不就是新疆的地底蘊藏無限的寶藏所致。寶藏究竟有多少？似乎沒有人確切知道。然而「新疆到處是金子」，這話一點也不假。小路上，河谷裡，石頭下，無處不有金子。如果不介紹新疆的寶藏，人們無法理解新疆的豐富。容我簡述一下新疆的寶藏。

新疆雖位處邊陲，卻是中國幅員最大的省分，面積爲一百七十餘萬方公里。地表上沙漠戈壁橫亙，荒無人煙，地下所含藏的寶藏卻爲其他省份所不及的。北疆的阿爾泰山是著名的山金產區，沙金則產於塔爾圖山東南，達爾達木圖河與蘇爾圖河之間，可說是遍地黃金。

至於在近代工業社會，所需的煤、鐵、石油等能源，新疆無一缺乏，尤其是二十世紀最有價值的能源——鈾，藏量也極爲驚人；全世界品質最佳之鈾礦，就在新疆西南之拉達克一帶。新疆的鐵礦礦苗，南疆吐魯番有卡喇叭爾葛訓山，北疆塔城有鐵廠溝，礦脈由城東八十里克拉達大阪起，蜿蜒四百餘里，連貫至城東三百餘里之齊爾山，爲新疆最大的鐵礦。

銅礦則產於疏附康山、拜城、庫車、北山等地。煤礦在南北疆均豐饒；鹽遍地皆有，所謂新疆「無百里而無鹽」；最重要的油量，更是充沛。據蘇聯專家研究指出，新疆油田爲巴庫油田的餘脈，南疆產區為莎車、疏附、溫宿、庫車、沙灣；北疆產地為迪化、綏來、烏蘇、塔城等地，油質甚佳。至於玉石，和闐玉更是名聞遐邇。

落後、貧窮，僅是新疆的表象，其礦產資源卻是其他地區的幾倍甚至幾十倍。中國限於財力及技術未能立即開發，遂給了列強機會。蘇聯是最先看到新疆地理及寶藏的國家。蘇聯緊鄰新疆，自然十分清楚新疆的種種；英國因為掌握了印度、西藏後，眼見新疆的富庶，也往南疆發展；日本、德國也紛紛效尤，新疆日趨演變成北俄南英的局勢。以下分別講述列強在新疆的勢力發展。

## ㈠蘇聯勢力

蘇聯從沙皇時代起，已經覬覦新疆這片寬闊的鄰土。和新疆的交涉始於清咸豐元年（西元一九五一年）「伊犁通商條約」的簽訂，帝俄正式在新疆建立經濟活動的根據地。後來蘇聯乘新疆內亂，公然佔領伊犁，雖經曾濟澤交涉，要回塔城、伊犁，卻喪失齋桑泊、阿拉木圖等地。兩國關係一度僵裂，此後二十五年，蘇聯不與中國爭新疆之主權，兩國關係純屬經濟性。

等到蘇聯十月革命後，列寧為了推行世界革命，在殖民地和半殖民地鼓動民族主義。此時，蘇聯帶起笑臉面具在亞洲活動，聯絡弱小民族，共同從事反帝國革命。列寧在《亞洲的覺醒》中說過：「戰勝西方世界的道路，須通過東方的革命」。東方的革命就是須征服中國，蘇聯征服中國的策略是先作朋友，爲了營造中國人對蘇聯的好感，蘇聯外交長齊采林在民國七年（西元一九一八年），發表了「放棄對華特權的聲明」，聲明放棄不平等條約及治外法權等。民國九年（西元一九二〇年），副外長加拉罕也發表對華友好宣言，放棄一切特權，表示蘇聯反對帝國主義剝削的鬥爭，並一再宣佈，要把殖民地的人民從資本主義的壓迫中，解放出來，使世界上所有的民族，獲得自由。除了中國之外，蘇聯也承認土耳其的國民政府，取消不平等條約，尊重波斯主權，取消自己的勢力範圍。蘇聯這些動作不像是專爲討好中國而做的，而是展現革命以後的蘇聯共產，不同於帝國主義的國家，是一個頗有道德意識，主持正義的新國家。蘇聯此舉，不僅刷新世人耳目，在中國知識份子與學生間也引起極大認同，蘇聯這一笑臉攻勢，十分成功。

民國十二年（西元一九二三年），蘇聯更與 國父孫中山先生發表共同聲明，孫中山先生雖稱蘇聯共產制度不適中國，然而革命的精神兩國相當。蘇聯同意提供中國革命必要的支援，兩國的關係漸趨緩和。民國十三年（西元一九二四年）蘇聯與北京政府成立「中俄解決懸案大綱協定」。除了恢復兩國關係外，蘇聯撤退駐外蒙軍隊，承認外蒙爲中國領土之一部分，並認可中國有處理中東鐵路的權力等。中國因而相信了蘇聯不同一般列強，是一個友好的國家。

當時，蘇聯的外交策略相當成功，以致中國無法窺測他們眞正的用心。現在想想，蘇聯外交政策的本質，其實仍是沙皇外交政策的延續——不斷擴張，即使到了共產蘇聯時代，他們的世界革命，也是一種不斷擴張的策略。蘇聯的發展一直受限於地理環境，尋求戰略上的安全邊界，就是他們向外擴張的第一步。他們希望由漢騰格里（天山高峯）到海森威劃一直線，作爲中俄的適當國界，然而這個意圖卻被美麗的話語包裝起來。他們想推翻哪個政府，就和哪個政府做朋友。例如：蘇聯暗中支持中國共產黨成立，同時又向國民政府示好，並給予物資的援助。蘇聯口口聲聲對外宣佈，將盡全力「扶助弱小民族」，他也確曾提供實際的援助，以致讓人看不清他暗懷的鬼胎。

民國十三年（西元一九二四年），國民黨同意蘇聯提議的容共政策；民國十六年（西元一九二七年）北伐成功，寧漢分裂，蔣介石另組南京政府，國民黨實行清黨，中俄絕交。民國二十一年（西元一九三二年）十二月，中國與蘇聯恢復邦交。這段期間，蘇聯極力爭取中國地方政府的認同，尤其是新疆。

民國初年，因中國內政動盪不安，由於袁世凱未能撥款維持新疆內外之需，又不能提供兵力保護新疆。新疆與北京的關係若即若離。新疆督辦楊增新本爲北京政府所任命，理當聽命北京政府，但中央政權不統一，他則採「認廟不認神」的態度，新疆享有完全自治的權力，也就是新疆獲得實際獨立空間。

民國十三年（西元一九二四年）中蘇條約簽訂之後，蘇聯在新疆設立領事館，中國亦遣派領事至蘇聯。特別値得注意的是，駐蘇聯領事不是由中央政府派往，而是由新疆省行政當局派遣。從北京政府以來，新疆的作爲多少有獨立性質。例如：民國十八年（西元一九二九年），因中東鐵路事件，所有在俄的中國領事均奉令關閉其領事館，新疆各領事，卻聽若罔聞，繼續執行職務，彷彿未受中蘇關係的影響。當時新疆有五個領事館，我曾當過塔什干的駐蘇總領事。

因爲中國疲弱，新疆赤貧，蘇聯從不把中國放在眼裡。蘇聯並不嚴格遵守邊境界線的限制，經常在伊犁附近舉行軍事演習，侵犯中國領土無數次，軍隊更公然進入新疆的阿爾泰地區。尤其蘇聯與金樹仁訂立「新蘇臨時通商協定」後，幾乎取得新疆所有的利益。新疆對蘇聯貿易佔總數百分之八十，而蘇聯對新疆僅百分之十五，新疆對外交通及經濟，不知不覺已依賴了蘇聯，換言之，蘇聯已經在不知不覺中操控新疆人民的生計大權。

史達林爲何要助大哥一臂之力？就是想利用大哥的力量，把日英等國的勢力驅離新疆，好獨占新疆。而大哥也想利用蘇聯的力量，建設新疆外，進一步藉著蘇聯的力量回到東北，把日本趕出中國。

大哥雖然精明幹練，也有糊塗一時的時候，他前期也被蘇聯友好面紗給矇騙了，他不是不知道蘇聯對中國的野心，甚至看到蘇聯與日本之間的矛盾衝突。他想利用蘇聯，驅趕日本，這是一招險棋，而在走棋間，要步步小心，否則一旦出錯，輕則喪命，重則將新疆拱手送給蘇聯，留下千年的罵名，大哥在當時。唯一能表明心迹的，就是矗立在街頭最顯目的地方，掛著「永遠保持新疆爲中國領土」的標語，提醒自己，也暗暗警告蘇聯不要輕舉妄動。。

### ㈡英國勢力

英國染指新疆的歷史也不短，遠者不必追溯，二十世紀初期，爲了保障他在印度和西藏的既得利益，開始侵入南疆。印度是英國的殖民地，西藏則屬英國勢力範圍，新疆緊鄰印度、西藏，爲了設立屏障，英國順勢進入南疆，且在南疆發展勢力。北俄南英的局面維持好長一段時間，這兩股勢力互相牽制、較勁。例如：清同治三年（西元一八六四年），南疆發生變亂，亞股比格將漢人驅逐出境，全權統治南疆達十三年。英國毅然承認亞氏政府。而俄國更陰險，他不予承認，卻以維持該處法律及秩序爲由，派遣軍隊佔據伊犁區域，聲明等到秩序恢復，即自行撤退。沒想到俄國一佔領就是八年。兩國都各懷鬼胎，只是方法不同，英國常與中國發生正面衝突，俄國表面友好，卻屢屢侵佔中國領土，坐享漁翁之利。

後來，英國爲了監視俄國在中亞的發展情形，以及防止俄國獨佔整個新疆，在迪化的福音堂也設立情報部。教士紅特爾（漢名胡進潔）爲福音堂的主辦。他是英國布道總會派來的，他眞正的身分，就是英國參謀本部派駐新疆的間諜，到新疆除了傳教之外，最主要的目的就是從事間諜工作，刺探新疆政府的一舉一動，尤其是北疆的軍事、政治、經濟各方面的情報。他在新疆待了二十多年，漢語說得極好。紅特爾蒐羅情報的方法，就是免費替人治病，取得一般民衆的好感。漢、回族中一些常找他看病者，漸漸都入了敎。成爲敎友的老百姓，十分信服紅特爾，在不知不覺中，走漏不少新疆情報。

這位紅特爾很不簡單，他有一張手繪地圖，淸淸楚楚記載新疆各地坎兒井的所在地及軍事設施，比新疆政府所擁有的資料還詳實。紅特爾之所以被發覺，主要歸功縝密的新疆的情報網。新疆的情報完全學自蘇聯，蘇聯則仿效德國希特勒的作法。我們在蘭州設有土產公司，皋記商店，在哈密二里子河，星星峽、和闐等處均設有邊務辦事處及祕密電台，並分派密探隨時偵探各國在新疆各地的一舉一動，當然也包括中央軍在內。蔣介石曾誇讚新疆的情報系統做得比國民政府好，因爲戴笠的情報作法是屬於美國系統，他派往新疆的情報人員多被偵破，而新疆派往內地的人員卻沒有被識破。

警務處有情報顯示，紅特爾是英國的偵探，新疆政府即刻著手蒐集證據，待證據確鑿後，立即扣押，並加以判刑，此舉引起英國方面强烈的不滿。英國屢電新疆，大哥始終相應不理，使得英國無計可施下，轉向蔣介石要人。蔣介石迫於英國的壓力，也屢屢來電請大哥放人。大哥因證據確鑿，認爲沒有理由屈服於英國的淫威之下，所以不放人的態度至爲堅決。英國對此事憤恨到極點，蔣介石在國際政治壓力下，不得不派一位大員來新疆，調停此事。後來大哥盱衡整個局勢後，才答應放人。送走紅特爾那天，到了飛機場，他硬是不肯上飛機，他說他不願意離開新疆；我們硬把他擡上飛機，飛到蘭州交給英國人，才解決了英國在迪化的情報單位。

大哥因爲親蘇，自然對英國勢力大加打壓，更利用蘇聯一點一點把英國勢力逐出新疆。英國爲了攏絡大哥，提供全額獎學金讓我到英國讀書。當時，英國的帝國主義處處侵略弱小國家，中國人都很反感，我當然也反對去英國學習。

英國勢力在大哥主政期間無法擴展，甚至窒礙難行。英國政府遂改採另類方法，百般挑撥大哥與蘇聯間的關係，運用種種手法散佈謠言。報紙上不時說新疆要獨立，要搞共產，這都是英國的傑作。其實，英國政府在意的不是大哥所領導的政府，而是蘇聯在中國軍事及經濟之利益，因爲英國深恐蘇聯擴展勢力後，會危及他在印度和西藏的既有利益。

新疆，可以說是英、俄在歐亞的競技場之一。他們的戰爭從沙皇時代開始，一直延續到大哥主政新疆期間。

## ㈢日本勢力

說到日本，要先瞭解日本是亞洲四大國中領土最小的一國，且都由島嶼組成。所以當日本模仿歐美從事改革、發展工商業，成爲一大强國之後，即加入國際競爭的行列，最終的目的就是擴大領土。由於亞洲人口分布，均集中亞陸的兩端，廣大中心地帶反成爲眞空區域。日本於是在高麗建立殖民地，希望經過滿蒙二區，建築一條走廊，通往眞空地帶，這就是爲什麼日本想在新疆發展勢力的原因之一。

另外，新疆天然寶藏也是日本覬覦的誘因，日本島國資源不豐，開發資源是他們的政策，新疆資源取之不盡，用之不竭，日本早有了盤算。再加上日俄之間因西伯利亞的問題，彼此的心結愈結愈深，兩國相爭互鬥好幾十年。當他們知道蘇聯垂涎新疆，必然與蘇聯互相爭逐。

由於大哥曾留日兩次，當他開始在新疆主政，日本即派出大哥的軍陸大學同學金久武官到新疆。金久到蘭州，大哥當然知道金久來新疆的目的，於是不給入新許可證，但是金久持有中央發給的通行證，以為有中央替他撐腰，殊不知大哥最討厭這一套。金久執意入新疆，大哥對金久說：

「你來新疆，基於同學情誼，我很歡迎，但中國人很恨日本人，在新疆，你的生命安全，我無法向你保障。」

金久武官聽了之後，為了保命起見，沒敢來新疆。

另外，日本也援助馬仲英的「東土耳其司坦共和國」，馬仲英圍城時，背後撐腰的就是日本。馬仲英三十六師駐紮肅州的時候，不僅收日方的金錢援助外，同時，日方軍事技術人員也參加馬部，協助進攻新疆相關事宜，日人于華亭就是一個例子。他投降後，雖然表面幫大哥譯電報，但骨子裡仍然是日本的諜報人員，有一回他往天津某個商號發電報，被查出來是替日本送情報，雖然他是特殊人才，基於新疆的安全著眼，最後大哥只好處死了他。

## ㈣其他各國勢力

德國在新疆也有間諜活動，順發洋行就是德國的間諜機關。順發洋行是德國人開的商店，主要也在收集情報；法國也想在新疆成立航空站，然而他們在新疆彼此會交換情報但動作沒有英國、蘇聯、日本等國來的大，所以，我們只能監控並沒有採取任何行動。

新疆共有十四個民族，維族、回族等民族性都很良善，他們樂天知命，工作、吃飯、跳舞，優游自在，彼此雖小有衝突，都是屬於原始性的爭執，不傷大體。總體而言，新疆的民族雖多，但不複雜。終歸一句，造成新疆複雜的主因，都是列强從中作梗。

看清外國勢力如何分別盤據新疆，比較容易瞭解新疆的處境，蘇聯、英國、日本、德國、法國在新疆形成複雜的消長關係。在新疆屢屢上演鷸蚌相爭，漁翁得利的戲碼，到最後，大哥利用蘇聯的關係，一一把其他勢力從新疆驅逐出去，保持新疆的完整性。

# 十三、妹夫俞秀松

民國二十四年（西元一九三五年）六月，蘇聯派了一批聯共黨員約二十五名，來新疆協助大哥建設。俞秀松（化名王壽成）爲組長，他到新疆後任反帝聯合總會的祕書長，兼新疆學院院長、省一中校長等職。俞秀松是浙江人，學問佳，頗受大哥賞識，經常與他談文論武。

這年，東北老家的族人爲大環境所迫，也陸續來到新疆。這是因爲民國二十年（西元一九三一年）九一八事變，東北飽受日本人的侵略，經濟生活每下愈況，部分家族人遷往瀋陽。後來大哥在新疆主政，執行聯俄抗日的政策，東北的盛家屢屢遭到日本軍警的盤查騷擾，父母親不得已帶著全家離開東北到北平。他們在北平待了一段時間，因無盤纏，受大哥朋友資助，經過千辛萬苦，終於在民國二十四年（西元一九三五年）五月，老父母帶著妹妹盛世同等人和親戚陸續來到新疆迪化。一家團圓在塞外，不但千言萬語道不盡，且感觸之深也是言語道不盡的。

那時來新疆的妹妹盛世同，正值荳蔻年華，學業尚未完成，大哥於是聘請俞秀松擔任她和姪女的家庭教師。俞秀松教學認眞，一絲不苟。那時，俞秀松的年歲已經不小，因爲革命蹉跎了光陰，還是單身漢一個。俞秀松與妹妹盛世同的年齡相差十歲以上，俞秀松是濃濃的浙江口音，生活習慣與北方人格格不入。妹妹一直把俞秀松當個長輩看待，還經常嘲諷他南方人的蠻音。當大哥因欣賞俞秀松的人品學識，提議把妹妹盛世同嫁給他時，我們全家都震驚無比。這個提議首先遭來妹妹强烈反彈，全家也極力反對，尤其是母親。我們老太太以年歲差距過大，反對這樁婚事。大哥是個極孝順的人，只要母親大人開口，即不再有動作，這樁婚事一擱就是半年。

後來俞秀松教妹妹俄文，時日一久，妹妹深知他有滿肚子豐富的學識，欣賞他謙和的態度，因相處日久而滋生感情。民國二十五年（西元一九三六年）夏天，兩人經史達林批准結婚，俞秀松成了我的妹夫。

這段婚姻乍看是俞秀松與妹妹因自由戀愛結婚，背後卻是一樁政治婚姻，一切都在蘇聯的操控下進行，就連大哥恐怕也無法做主。俞秀松的眞正身分，可能只有大哥一人知道，當俞秀松被捕，聯共黨員的身分曝光，我們才猛然發現，他與妹妹這段婚姻，是蘇聯史達林策

•民國25年7月俞秀松和世同攝於迪化

劃下的一樁政治婚姻。且看史達林經營的用心。婚禮之前，蘇聯駐新疆領事阿布列索夫即送來一箱美麗的新衣服，說是史達林的賀禮，妹妹簡直受寵若驚，能得到史達林的贈禮，是無上榮耀。甚至結婚當天，蘇聯領事館的全體人員都來參加婚禮，蘇聯並且把妹妹的婚禮情景和新疆的建設、習俗等拍成電影，在莫斯科、迪化等地放映。妹妹說，在他們結婚滿周年時，史達林又送來一個當時很時髦也很昂貴的照相機。史達林經營與新疆的關係，可見其用心精細。

妹妹結婚後，仍在新疆女子師範學校教育系就讀，俞秀松則兼任新疆學院院長一職，各本崗位，克盡職守，生活幸福美滿。

民國二十六年（西元一九三七年）冬天，王明、康生從蘇聯回延安，途經新疆，控告俞秀松是「托派」，在史達林肅反擴大之際，大哥奉命逮捕俞秀松。

要說托派，得要追溯到列寧時代。列寧有兩大助手，一為托洛斯基，一為史達林。列寧死後，蘇聯共產黨分左、右、中央三派。托洛斯基，齊維諾夫，凱美諸夫為左派；李科夫布哈林，托姆斯基為右派；而史達林為中央派。托洛斯基出身於猶太人的中產家庭，曾受過大學教育，他主張實行世界革命，消滅資本主義。但史達林以為先建設一個國家的社會主義，培養了戰鬥能力，才能策動世界性的社會革命。起初托洛斯基以執政者的地位，史達林以祕書長的地位，分庭抗禮。後來史達林拉攏右派攻擊左派，運用組織幹部分化左派，孤立托洛斯基。幹部派與托派鬥爭了三年。民國十六年（西元一九二七年）十二月，托洛斯基被放逐，逃往土耳其，其黨三十餘人，被史達林放逐到西伯利亞。

在史達林當政期間，托派成了人人喊打的過街老鼠。凡不服從史達林者一律都視為「托派」，亂扣帽子使得人心惶惶，「托派」流落各地，有的專門從事破壞工作。因此，蘇聯的派系鬥爭，蔓延在全世界每一個角落，有所謂「蘇聯托派」、「中國托派」，不少國家或多或少都捲入蘇聯的鬥爭之中。只要是托派，都是與史達林為敵的。想要討好史達林的國家，都會自動幫史達林肅清托派，當時新疆也是這種心態，以便向蘇聯邀功。

俞秀松被捕後，妹妹盛世同簡直暴跳如雷，急赴督辦公署叫大哥放人。大哥只說俞秀松是「托派」，參加陰謀暴動案想謀殺他。妹妹不相信，她怎麼都不相信這麼謙和有禮的丈夫會謀害大哥。在哭鬧之下，大哥允許妹妹到監獄探望。妹妹每次到牢房都帶最好的水果，最美味的食物給俞秀松吃，而這些東西，都是大哥孝敬我們老太太的，老太太因爲疼女心切，便讓她帶這些東西到牢裡去。妹妹的舉動，看在牢房其他人的眼中，很不是滋味。最要命的是，妹妹經常要求老太太向大哥要人，我們老太太被她纏得不知該如何是好。

新疆是一個重法治地區，案子不結不能放人，老太太年歲大，只因她疼惜女兒，所以常向大哥要人。但政治豈是兒戲，捉人、放人都得依法行事。不能因犯罪者爲自己的親人，就可以特別通融，所以大哥對俞秀松的案子也頭痛不已。那時，四哥盛世騏在莫斯科紅軍大學讀書，我在東方大學學習。回來度假，妹妹和大哥正鬧得不可開交，她甚至胡鬧要住到監獄與俞秀松一起生活，老太太爲此事傷心不已。我問大哥：

「王壽成到底能不能放？如果能放，就要趕快放，老太太快被世同折騰死了。如果不能放，就把他送走，他從什麼地方來，就送回什麼地方。總之，這件事要盡快處理。」

大哥想了一想，也不能老關著俞秀松。於是，大哥決定把俞秀松送回蘇聯。送走俞秀松的那天，大哥和我和盛世同一起去飛機場送機。

民國二十七年（西元一九三八年）六月二十五日，俞秀松被送回蘇聯。妹妹與大哥的關係幾近破裂，妹妹不再和大哥說話，也不到督辦公署，只在南花園照顧老太太。

說眞格的，俞秀松的案子，大哥也無可奈何。「托派」是個滔天大罪，被視爲破壞革命的壞份子，更嚴重的是戴上「托派」的帽子，就是史達林的勁敵，在史達林時代，這樣的人不是被捕，就是被殺。

據我瞭解，俞秀松是中共與蘇聯雙方矛盾下的犧牲者。俞秀松本人不壞，學問好，但他是聯共黨員，一切得聽黨的指示。聯共與中共的鬥爭不斷，大哥無意逮捕俞秀松，一紙來自蘇聯的命令，不得已才把俞秀松送回蘇聯。失去這樣一位好妹婿，如同失去左右手一樣，令大哥痛苦不堪。被送回蘇聯的俞秀松因中共內鬥，被蘇聯當局處以極刑。至於俞秀松的死訊，當年的大哥是否知情，我並不清楚，但那時，我和妹妹仍以爲俞秀松應該還在蘇聯。

俞秀松眞的是托派個案，還是蘇聯既定的陰謀？至今仍是個謎。俞秀松的案子對我們盛家造成莫大的傷害，妹妹爲了等俞秀松不願來台灣。老太太有病，本由妹妹照顧，她不願來台灣，老太太自然跟著妹妹。她們在上海住了下來，妹妹爲了徹底和盛家斷絕關係，在民國三十七年（西元一九四八年）她改姓名叫安志潔，安姓是老太太的姓。妹妹不諒解大哥，我們不諒解妹妹，家庭隔閡產生了分離的悲劇。

一直到民國八十四年（西元一九九五年），妹妹才透過蘇聯領事館，查到俞秀松在蘇聯被處死的資料。發現俞秀松經過蘇聯軍法審判，處以極刑，旋即執行。這才瞭解害死她丈夫的是蘇聯當局，不是大哥盛世才，她對大哥的仇恨因此化解。

早期妹妹在大陸寫了幾篇批評大哥盛世才的文章，都在充滿仇恨的情境下寫作的，文章裡極盡捧俞貶盛。直至今天，許多人援用妹妹這些文章來評斷大哥，認爲大哥連自己的妹夫也不放過，便斷定大哥一定是個無情無義之人。他們的解讀多半是基於這樣的邏輯：自家妹子批評哥哥，絕對不會胡說。這是他們不瞭解大哥與妹妹盛世同之間存在誤會所致。如今妹妹知曉俞秀松被蘇聯處死，她才恍然誤解了大哥多年，相信世同如果再動筆，對大哥的評價也許會客觀些。

# 十四、杜重遠事件

新疆地區，經由親蘇政策的洗禮後，有長足進步，也因親蘇政策的執行，埋下各項陰謀案的種子。新疆一味傾向蘇聯，造成國際、國內間矛盾的引爆。英、日各國均想利用新疆作爲反蘇的支點，而國民黨和共產黨更想控制新疆。國際的、國內的各種關係暗潮洶湧，對新疆的安定投下不安的變數。各路人馬的算盤，大哥瞭若指掌，遂採嚴密措施，加强警備偵查工作。

民國二十九年（西元一九四〇年）新疆發生杜重遠事件，暴露了各勢力爭奪新疆的野心。杜重遠案是件棘手的政治案件，大哥逮捕杜重遠，震驚內地，成了大新聞。當時新疆事務均不主動對外公佈，中原人士對新疆當局的所作所爲，因遙隔千里自然是霧裡看花，不清不楚了。在新疆，大哥把杜重遠事件界定爲規模龐大，內容複雜，帶著國際性的陰謀暴動案件；而中國內地的新聞，卻把這個事件當作大哥大肅清的恐怖行動，更認定大哥是萬惡不赦的暴君。

杜案牽扯的人士太複雜，政治味太濃厚，導致此一事件的原委難以釐清。杜案發生前後，我也參與勸退工作，在此我將記得部分做描述，希望澄清杜案發生的前因後果。

杜重遠，是大哥在日本結識的同鄉好友，一個學軍事，一個學製陶，學習領域雖異，對國家前途關心卻一致。異鄉求學，兩人立刻成為無話不談的好朋友。杜重遠同國後，從事實業多年卻失敗，抗戰時期因一篇文章而走紅文化界。

杜重遠在上海寫過一篇〈閒話皇帝〉文章，刊載在上海雜誌上，內容批評日本天皇，因而開罪日本。日本向中國政府提出嚴重抗議，並且要中國政府道歉。日本霸道的氣焰引起輿論譁然，杜重遠後經中央政府判刑三個月，頓時，「杜重遠」成了舉國皆知的文人。當時，日本是強國，對中國老是頤指氣使，中國因卑因弱僅敢怒而不敢言。此時，竟有人寫文章批評天皇，這種不懼威權的風骨，表現出知識份子絕佳典範，替中國人出了口氣，人人於是稱頌不已。

當杜重遠在文壇上享有名氣時，自然成了各方拉攏的對象。杜重遠也是傾心共產主義，交往一些文化工作者都有共黨色彩，包括沈雁冰（茅盾）、張仲實、薩空了、劉貴斌、邢國文等，他們不是共產黨員，就是左傾份子。那時，文人多同情共產黨，在國共合作期間，國民黨與共產黨的角色重疊，一個人可以身兼國民黨員和共產黨員，此種雙重身分者不在少數，杜重遠就是多重身分者。表面上，他替國民黨做事，實際上也替共產黨服務。

杜重遠第一次到新疆，純粹是探望老友及觀光遊覽。當時他的身分是新聞工作者，他在新疆待了多久，我已經不記得了。但記得他回到內地時，即出版了一本《盛世才與新新疆》，極度讚揚大哥在新疆的政績。那時，大哥的親蘇政策正如火如荼的展開，和延安的關係極爲密切，當大哥看到杜重遠的小書，他仍以爲杜重遠還是那個在日本侃侃而談，與他站在同一戰線的同志朋友。當杜重遠表達他由衷希望能參與新疆建設時，大哥歡迎之至；他於民國二十七年（西元一九三八年）冬天，再度光臨新疆。

杜重遠第二次來新疆，大哥原以爲和老朋友一同爲理想營造安康樂園，是人生一大樂事。杜重遠曾是一位有經驗的工程人員，大哥有意請他擔任建設廳長一職。杜重遠卻說他的興趣已改變，對文化、教育或宣傳方面他較有興趣；於是大哥給了教育廳長和新疆學院院長兩缺，來徵求他的意見，杜重遠選擇了新疆學院院長一職。民國二十八年（西元一九三九年）春，大哥聘杜重遠任新疆學院院長。

杜重遠之所以選擇新疆學院院長一職，主要是發展共產黨組織的初步工作：向學生宣傳共產主義，吸收幹部。起初大哥十分信任杜重遠，完全沒有留意杜重遠的機心；杜重遠陸續介紹了許多關內的朋友前來新疆，只要是杜重遠介紹的朋友，大哥都給予重用，如沈雁冰（茅盾）、張仲實、薩空了、劉貴斌等，他們都是親共份子。當時新疆正實施親蘇政策與延安友好，大哥自然竭誠歡迎他們前來新疆。

杜重遠經常帶學生到伊犁勞動，這活動本是很好的教育素材，當局不疑有他。實際上，勞動是幌子，他到伊犁的目的主要去宣傳和發展組織，甚至引誘伊犁警備司令姚雄加入他們的組織；經過一年多的動員和發展，杜重遠網羅了漢族、維族、回族、哈族、歸化族等各族菁英。這個組織預備在民國二十九年（西元一九四〇年）九一八民衆紀念大會暴動，假若九一八準備未成熟，將在次年四一二舉行暴動。在未暴動前，他們極力擴展組織，散佈謠言，進行挑撥離間，並在外區，特別在阿山、吐魯番、奇台等處大肆活動，企圖在外區先發動暴動，以包圍戰打擊大哥。

杜重遠在民國二十八年（西元一九三九年）秋季，在他家中前後召開了三次會，參加會議的成員涵蓋軍政、文化、教育、銀行、工商等人士。各有英帝國主義、日帝國主義、中國托派、蘇聯托派等關係在背後撐腰，杜重遠的魅力不小，網羅不少幹部。這個陰謀組織的防密措施了不得，大哥起初完全被蒙在鼓裡。後來因學生告密，大哥才注意杜重遠的一舉一動。循線追查才發現這個陰謀組織，已經無孔不入，其組織之龐大，都令我們大吃一驚。

根據情報分析，杜重遠接受周恩來及汪精衛的指示，利用與大哥同鄉、同學關係在新疆發展組織。當時周恩來是中共駐重慶首席代表，與汪精衛有一定程度的往來，他們的策略，就是祕密組織革命力量，相機推翻大哥政權。國民黨與共產黨聯手對付新疆，這倒是頭一回，更令大哥費解的是蘇聯共產黨也參與其事。

民國二十九年（西元一九四〇年）是親蘇、友共政策執行相當順利的年代，大哥不敢置信，蘇聯和中共爲何要奪他的政權？他不能解釋其中原因，他以爲這些共產黨都是「托派」分子，還不曾把矛頭對準共產黨本身及史達林身上。

這個陰謀暴動案，後來一一掌控在大哥手裡，這當然得歸功新疆的情治工作得宜，大哥曾經評估這件事如果鬧開了，一旦抓人，肯定會出問題。如何把對新疆的傷害降到最小，正考驗大哥的政治智慧，左思右想，大哥採取走人策略。他先試著讓這羣與陰謀案有關的人員離開新疆；只要他們離開新疆，就不必抓人，不抓人，整個事件就當作沒發生過，也許這是最好的解決方法。大哥不好明說，於是派我擔任說客，說服杜重遠、姚雄和茅盾等人離開新疆。

那時，杜重遠辭了新疆學院院長一職在家養病，我到他家裡幾回，勸他離開新疆，回到口裡（內地），除送路費外並酌予生活費。開始時，我只是閒談，並暗示他的所作所爲，新疆當局已經心知肚明；杜重遠不爲所動，他以爲有蘇聯、中共、國民黨爲靠山，政變一定會成功。我見他不走，心裡著急，最後不得不明說，是大哥要他回內地去。新疆是個法治地區，一旦動用公權力，一個也別想走，到時不能只抓幾人，或只放一人而已。

除了杜重遠外，我還勸了一些人，如沈雁冰（茅盾）、張仲實、趙丹、徐韜、薩了空等人，就是一一被我勸回。然而杜重遠和姚雄怎麼勸都不走。姚雄本來對新疆新政府很有貢獻，大哥非常倚重他，請他擔任伊犁警備司令兼行政長，後來知道他受杜重遠的煽動，將他調回迪化任民政廳廳長。但他還不知警惕，以爲他們的組織這麼龐大，推翻大哥一定會成功。

這個案件，在證據確鑿下，於民國二十九年（西元一九四〇年）五月十八日（有人說二月）大哥下令捉人，這次總共逮捕四百八十一人。這個案子因爲牽扯到中央和蘇聯，爲了不隨便冤枉人，大哥分別請了蘇聯及中央審判員前來參與審問；我也參與審訊，其中我們發現蹊蹺，蘇聯的審問團居然袒護犯人，引誘犯人反供，他們事先套好了問話，讓犯人順話而答，並且要這些人承認是托派，蘇聯的審問員在最後都對犯人這樣說：

「你得承認是托派，政府才能救你！」

所以，到最後犯人個個承認自己是「托派」，把一切嫁禍給「托派」，就是爲了掩飾眞正的陰謀主使者。其實，杜重遠是受了周恩來的密命而來，而周恩來則受蘇聯史達林的指使。杜案經過審訊，有五十九名被判死刑。杜重遠雖然被叛死刑，並沒有被執行。其實，杜重遠還沒來得及執行死刑，就因病死在監獄裡。

爲此，大哥還因此派我和邱玉雄帶著大批的證據，前往莫斯科準備在史達林面前告狀，控告耶果洛夫等因爲他們犯了違反馬、列、史主義的錯誤，做下了背叛列寧、史達林的罪行，最終目的就是希望史達林不要再把「托派」人員派往新疆工作。

那天（確切時間忘了），我們到克里姆林宮送證據，本來打算見史達林，當面把蘇聯領事在新疆的胡作非爲的事情，詳實地向他稟報。但史達林並沒有接見我們，我們等了好些時候，最後是由莫爾托夫接見，他的地位相當國務總理。我們把證據交給他，在莫斯科我們足足等了一個多月，他們才回了一封信。至於信的內容，則不得而知。現在想想，我們的確很天眞，以爲杜案眞的是托派搞的，大哥對親蘇政策執行的那麼認眞，以致不察蘇聯史達林的手段，反而把一切陰謀破壞全推給「托派」，以後才知道，「托派」原來就是蘇聯當局的託辭，史達林的陰謀手段。

往蘇聯送證據，我們也有另一層動機，就是想建功。當時蘇聯正肅清國內的托派，大哥以爲幫他們打擊托派，可以獲得史達林更多的支持。大哥嚴厲的逮捕行動，根本不講情面，以致給人無情無義的負面效應；大哥的所作所爲，主要模仿史達林的做法。我想如果當時大哥對史達林的崇拜減少些，也許大哥的負面效應不會如此巨大。

許多人都說杜案是大哥主導的大整肅案，要把異議人士排除在外。這於情於理都說不過去，整個案子牽連到蘇聯、中共、國民黨。民國二十九年（西元一九四〇年），親蘇政策還在認眞地執行，大哥犯不著得罪蘇聯。再說大哥一心想建設新疆，怎麼可能把主要幹部一一剷除，新疆的漢人都不夠用了，剷除漢人，對大哥有什麼好處？再說，大哥是受過教育的，知道得罪文化界只有害處，沒有好處。何況杜重遠是他的好友，他沒有必要爲難朋友。

至於蘇聯、中共、國民黨三方面爲何要到新疆奪權？他們的算盤是這樣打的：

蘇聯雖然是大哥的靠山，在新疆擁有絕對的優勢。不過，大哥也不憨癡，爲了防堵蘇聯的野心無限延伸，他則把「永遠保持新疆爲中國領土」的標語豎立在重要路口，在各種場合各種會議，有意無意間都透露他的堅持，「永遠保持新疆爲中國領土」成爲他施政的目標。本來這句口號是毫無意義的，因爲新疆本來就是中國的一省，但因强大的蘇聯垂涎新疆許久，大哥雖然絕對的親蘇，對蘇聯，對史達林言聽計從，看在外人的眼中，新疆彷彿就是蘇聯的附庸。可是，在大哥的心目中，蘇聯是蘇聯，新疆是新疆，新疆可以事事以蘇聯爲馬首，但他絕不容許新疆主權丟失，他要「永遠保持新疆爲中國領土」，「永遠保持」是他的決心。這句口號純粹寫給蘇聯看的，是防止蘇聯野心擴大的最後防線。

史達林也因這句口號而悚動驚心，在蘇聯的觀念裡，他們始終不願意承認新疆是中國的領土，史達林一直認爲新疆的漢人是「外來的侵略者和剝削者」，他想培養當地民族幹部，以民族解放的形式，發動武裝暴動，奪取政權，從此不再支持新疆的漢人統治。蘇聯鼎力協助新疆開發建設，著眼點卻是以利將來佔據新疆。最初以無私無欲的面貌協助新疆，又見大哥對他崇拜倍至，以爲再施與小惠，便可以把大哥玩弄於股掌。

史達林曾召見過大哥，和大哥商論達數個鐘頭，商談的內容，我並不清楚，但有一點，就是史達林要大哥將新疆讓給蘇聯，蘇聯幫大哥拿取甘肅青海等地。史達林認爲新疆是漢人侵略別的民族，他要我們把新疆歸還給其他民族，否則無法落實各民族平等的口號。他對大哥說：

「你，盛世才，是漢人，漢人在新疆是侵略者。漢人必須回到內地十八省，新疆是其他少數民族的天下，這才符合革命精神。」

而我們的立場是，新疆不能從我們東北人的手中丟失，無論如何我們都得把新疆守住。大哥爲此苦惱不已，史達林已經明目張膽跟他要新疆這塊地區，以蘇聯的實力，當時要拿下新疆是輕而易舉，新疆根本無力抵抗；中央政府正忙於應付抗戰，也無暇照管新疆。史達林以爲大哥會給他一個明快而且肯定的答案。事實上，大哥知道如果他拒絕，那就是與蘇聯爲敵的開始，如果他同意史達林的提議，他將是一個「賣國求榮」大漢奸。盛家，就連東北人，將在今後的生生世世，永遠抬不起頭做人。他的內心在淌血，在無法拒絕，無法同意的情況下，大哥採取拖延戰術，不給明快的答案，表面上對蘇聯更加恭敬，更加聽話，不願得罪蘇聯。內心裡，大哥一直思索解決的辦法。蘇聯幾次刺探大哥，大哥都含糊應付過去。蘇聯眼看大哥是個硬漢子，不能說服他放棄新疆，也不能公然進兵新疆。以致到後來，史達林一面幫助新疆，一面暗地搞鬼。這種二分法，並非一種矛盾，史達林作爲個人，他是溫和熱情的。在搞權術時，他是殘酷無情的，目的就是把大哥搞垮。

中共方面，大哥雖然對中共友好，但中共並沒有把他視爲自己人。大哥雖然心嚮往共產主義，加入的是聯共，而不是中共，而大哥又是國民黨任命的新疆督辦，中共並不相信他。當蘇聯有意更換大哥時，中共也想藉此機會，確實掌握住新疆，使蘇聯運往延安的補給線能暢行無阻。蘇聯與中共暗通款曲，他們的目標就是要大哥下臺，如果大哥不下台，那麼，就解決他，要他的命。

國民黨方面，他們至始至終對大哥都束手無策。大哥在新疆公然親蘇、友共，藐視中央的律令，國民黨早對大哥不滿了，只是苦無機會。一旦機會來了，國民黨當然不會錯過。

蘇聯、中共、國民黨三方關係本來彼此牽制，如今面對新疆主政者盛世才，這三股勢力居然結盟在一起，他們各有各的盤算，然而對付大哥目標卻是一致的，要大哥下臺。杜重遠來新疆，就是受到蘇聯、共產黨和國民黨的重託，來顚覆新疆的政府。可以說，杜重遠被蘇聯、中國共產黨、和國民黨利用了。

因爲大哥機警敏銳，有點風吹草動，不一樣的氣味，他立即反應。他有過人的才智，讓敵人不敢輕舉妄動。然而鬥垮敵人，是蘇聯史達林最拿手的本事。史達林的專長就是陰狠，即使他要大哥的命，也絕對不會公開反盛，反而更握緊大哥的手，讓大哥覺得他是最可靠的朋友。

我可以鄭重的說，杜重遠這件案子，是蘇聯、中共和汪精衞三方面在背後支持的陰謀案，杜重遠只是被利用的一顆棋子罷了。

# 十五、盛世騏之死

大哥眞正認淸史達林的廬山眞面目，是在我四哥盛世騏被刺殺之後，新疆的親蘇政策也因我四哥的案子而迅速逆轉直下。大哥與蘇聯、中共、中央的關係，都因這案子而有了戲劇性的變化。

我四哥盛世騏遭暗殺之前，新疆一切政務走向皆以蘇聯爲馬首，禮遇中共和中央決裂；案件發生後，大哥的態度一百八十度轉變，對蘇聯不再言聽計從，對中共防備有加，從而主動接近中央。親蘇政策立刻變成反蘇政策，也因政策改變，連帶著過去志同道合的朋友，在政策轉向後，一一變成敵人。

一人之死，爲何會牽動新疆情勢？一人之亡，是一種僵局的打破？還是一種犧牲？一人之死，其影響爲何如此劇烈？這樣的事件對現實造成莫大影響，也給歷史一些質疑，至今論述整個案件的原委，我仍然有著莫名的悸動和傷感。

•盛世驥（學生服）、盛世騏（軍裝）攝於日本

•約民國 29 年盛世騏與他的蘇聯教官全家攝於莫斯科

盛世騏是我四哥，在家排行老四。民國前四年（西元一九〇八年）農曆十二月二十九日生，號季庸，小大哥盛世才十二歲。學歷是瀋陽第一師範附屬小學、瀋陽省立初中，及日本東京士官學校騎兵科畢業；直至民國三十年（西元一九四一年）畢業於蘇聯莫斯科紅軍大學。當大哥在新疆當政之後，家族人陸續到達新疆，我是第一個到新疆的。民國二十一年（西元一九三二年）左右，四哥也來新疆；他來之前，是在南京陸軍騎兵學校擔任教官。到新疆之後，大哥任命他爲新疆邊防督辦公署衞隊團上校團長。

民國二十三年（西元一九三四年）夏天，四哥與四嫂陳秀英在迪化水磨溝舉行婚禮。四嫂是大嫂邱毓芳的學生，這樁婚事是她撮合的。四嫂與四哥相差八、九歲，原本陳家不願高攀，經過一年才答應這門婚事。四嫂祖籍甘肅蘭州，民國五年（西元一九一六年）生於迪化，哥哥陳玉璋是稅務局局長，家境小康。

四哥的大女兒盛克梅，在民國二十四年（西元一九三五年）十二月出生，四嫂不會帶孩子，就請陳母協助，陳母經常住在南花園，幫四嫂照料看管。陳母是一個很好的人，我們全家都喜歡且歡迎她。四哥爲了求得更好的學識，向大哥爭取到蘇聯留學。民國二十六年（西元一九三七年）五月，進入紅軍大學深造。四哥留學期間，四嫂也跟著到蘇聯。四嫂在蘇聯，並沒有進學校讀書，只請個老師在家裡學畫。四嫂則經常兩頭跑，時而住迪化，時而住

• 民國 23 年四哥盛世騏與四嫂陳秀英於迪化水磨溝舉行婚禮

•四哥盛世騏、四嫂陳秀英及其長女克梅

莫斯科。老二盛克莫，於民國二十七年（西元一九三八年）一月誕生於莫斯科。老三盛克菊，於民國三十年（西元一九四一年）九月，四嫂回迪化南花園生的。

四哥的家庭相當新潮時髦，有別於盛家其他家庭，先說四哥吧！他是位英氣凜然的軍人，走起路來，軍靴踢答踢答地作響，好不威風。四嫂則是打扮入時的漂亮女子，喜歡交際。因爲留蘇的關係，他們的子女都有俄文名字。老大盛克梅叫「梨娃」，老二盛克莫叫「遼娃」，老三盛克菊叫「溜達」。孩子們都上蘇聯幼稚園。他們的用品全是蘇聯的舶來品，四嫂很捨得花錢，把孩子都打扮得格外光鮮亮麗。

至於盛家其他家庭則保守多了，也許是來自農村的關係，生活一向刻苦，常捨不得花錢。就連大哥的家庭生活，也相當刻板保守，每當有蘇聯的精美布料或日常用品時，大哥一定教人先拿來南花園讓老太太、妹妹挑選。雖然各家生活模式不一樣，然而我們彼此卻不干

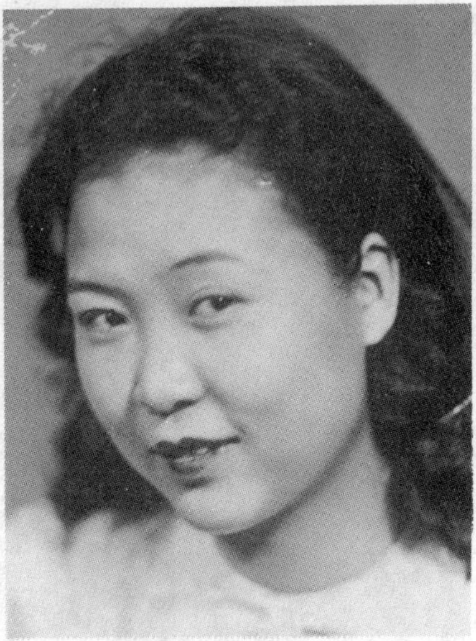

•四嫂陳秀英

擾。

我四哥這個人，從小老實厚道，警覺心不夠。他做任何事都十分投入，反而忽略了細微的變化。四嫂人不壞，個性活潑，擅長交際。老太太常說她：「年紀輕，定性不夠，等她性一定就好了。」四哥四嫂的感情不錯，四哥一向順著四嫂，四嫂喜歡逛土產公司，選買蘇聯的舶來品。因爲南花園沒有專門車子，四嫂出門購物，經常請老太爺的司機開車來接。

四哥從紅軍大學畢業歸國，即擔任新疆陸軍機械化兵旅少將旅長。所謂機械化兵旅就是有最先進的摩托車隊及武器配備，在這之前，新疆並沒有機械化兵旅的設置，這是大哥特別爲盛世騏成立的軍旅。大哥很高興四哥學成歸國，可以分擔治理新疆的重任，所以四哥的生活相當忙碌。

四哥一家本來住在南花園內。一日，四嫂忽然提出要搬到蕭作鑫的丈人趙養功的公館去住，說是換換環境。四嫂年紀輕愛玩，南花園有警衛，出入不方便，她一直就想搬離南花園。為何她會選趙養功的公館，純粹是蕭作鑫的關係，他是趙養功的大女婿，趙養功在新疆可是個大富人，那時公館空著，他們租了趙養功的房子。至於四嫂和蕭作鑫是如何結識的？主要是四嫂喜歡買東西，經常去土產公司，蕭作鑫是土產公司的經理，因此認識了蕭作鑫。他們在趙養功的公館住了約半年時間，後來又搬回南花園。搬去趙養功的公館，是四嫂提議的。搬回南花園的也是四嫂。案發後，有一種說法是蘇聯想在趙養功的公館把我四哥解決，後來蘇聯想嫁禍給大哥，便叫四嫂遷回南花園來執行任務。

當時我們都很忙，忙著開會，四哥也整天在外練兵，連春節也沒辦法回南花園過節。三月初，四哥全家搬回南花園。回來不到一個月，四哥就出事了。民國三十一年（西元一九四二年）三月十九日傍晚時分，南花園莫名的傳來一聲槍響，四哥盛世騏被殺了。

依稀記得案發當天，四哥下班回家，和我兒克蘇在庭院玩耍一會，便進老太太房間問安，我和妹妹盛世同也在場。這是我們一天當中，唯一能一起聊天的時光，正聊得起勁，外面傳來梨娃（四哥的大女兒）的聲音，她說：

「爸爸，我媽叫您回去。」

四哥一聽，起身回房。不久，我也回房。我住在南花園的小樓，我上樓才脫掉一隻靴，正脫另一隻靴，就聽到槍響，我問侍衛：

「怎麼回事？怎麼有槍聲？」

侍衛查探回報說：「槍聲從盛旅長房間傳出來的！」

妹妹世同最先趕到，等我趕到四哥的房間，兩個蘇聯醫生正在牀上用紗布包紮四哥的頭部，四嫂木然地站在一旁。二哥三哥很快也趕到，我和二哥親自送四哥到省立醫院。送到醫院，四哥還有氣，然而蘇聯醫生東壓壓，西敲敲，說要開刀挖子彈。二哥說子彈從頭部打穿了，彈頭已落在地上，用不著再動手術挖子彈了。醫生不理會我們的說辭，逕行在頭上挖了一個大洞，又打了一針，四哥就斷氣了（約晚上八時左右）。那時，我雖然奇怪蘇聯醫生的急救措施，但絲毫不曾對蘇聯醫生起任何疑心，當時只覺得蘇聯醫生的急救措施不像救人，倒像整人，恨不得盛旅長趕快死去一般。

當時我在邊務處當副處長。整個事件太突然，是個人恩怨的仇殺？還是政治陰謀的暗算？簡直毫無頭緒。起初，都說是小孩玩槍走火造成的。我們研判種種情況，先盤問司機、侍衛等相關人士，一一過濾可疑對象。首先排除刺客的說法，因爲窗戶玻璃沒破，且從彈痕研判，應該是近距離打的；再驗證彈道，彈痕由左耳後打進，從前額出去，明顯是被打的。自殺絕不可能從後腦打進，子彈從前額出來，故也排除自殺的可能。至於小孩玩槍走火，根據彈痕比對，也排除可能性。最後研判的結果，這一槍肯定是出自大人之手，且是近距離射擊。當時房間只有四嫂和小孩。克莫三歲正生病躺在牀上，克梅六歲也在房裡。所以初步研判，四嫂的嫌疑最大。

四哥停靈在西公園裡，四嫂去過一次。因爲四嫂表現很冷漠，沒有痛哭，只是冷冷的遠觀，她的種種舉動更令人生疑。在其他線索尚未釐清時，大哥曾和我們兄弟姊妹一起開過家庭會議，商量有關四嫂的處置問題。妹妹提議說：

「不管是不是四嫂打的，都應該留下四嫂，三個孩子已經沒有爹了，可不能再沒有娘。」

大家原則上不反對。商議的結果，這個案子只要家庭審判，不要外人插手，以免家醜外揚，大哥也同意家庭審判。但沒幾天，家庭還來不及審判，四嫂就被帶走。從審訊中才知道有不少蘇聯與中共人員參與此案，大哥意識到這案子並不單純，不是太太殺先生的家庭悲劇，也不是一樁單純的刑事案件。而是一件龐大可怕的政治陰謀暴動案，四嫂陳秀英不可能以家庭審判私了了。

整個案情的發展是這樣的：當四嫂被列入主嫌之後，警務處即刻調查陳秀英的關係網路，發現陳秀英與土產公司正副經理馬郊、蕭作鑫走的很近。奇怪的是，當案子發生後，馬郊、蕭作鑫他們居然一起離開迪化，前往蘇聯。大哥的步調快，電話科技立即發揮最大功效。他們要到蘇聯去，來到烏來縣，烏來縣長打電話請示大哥。因爲這兩個人與四嫂的關係交情匪淺，案子才發生，他們就要離開新疆，這麼巧合的事，難免有點蹊蹺。大哥命令他們回來，他們不回來，執意闖關，大哥便下令逮捕他們，送回迪化。

蹊蹺的事還不只如此，更詭異的是蘇聯軍事總顧問拉拖夫，他是我們請來蘇聯軍事顧問團的總顧問，他的行徑更離譜了。在槍擊案之後，竟悄悄地離開迪化回蘇聯去了。本來像他這種高級軍職的總顧問，得有國家命令叫他回國，他才能回國。且在回國的時候，中國得舉行盛大的歡送酒會，這是一般的外交禮節，總顧問也必須接受這樣的歡送儀式，風風光光地走，沒有偸偸摸摸跑掉的必要。當他一聲不響地離開新疆，大哥已經嗅到不尋常的氣味。後來審問四嫂，才知道這人就是整個陰謀的主使者。

陸續審訊，陸續逮捕，才略知該案是個複雜的政治陰謀，目的是想推翻大哥所領導的六大政策政權。這個組織打算在四一二革命當天起事，主要對付大哥。他們評估要解決大哥，首先得先解決盛世騏領軍的精銳部隊，先砍去大哥的左右手，再從事革命。

雖然口供上顯示蘇聯與中共人士參與，從杜重遠的案子到盛世騏的案子，都有蘇聯和中共人員參加。大哥不願把這件事聯想成是蘇聯當局的旨意，而是把這些問題暫且歸咎於蘇聯內部托派的鬥爭結果。表面上，大哥還是口口聲聲說新疆實行親蘇政策，因他是聯共黨員，史達林一直很愛護盛家，大哥對史達林更爲恭敬，這些行爲都是爲了避免刺激蘇聯，然而大哥內心已經起了很大的波折，對親蘇政策到了重新審視的地步。

四哥的案子，大哥逮捕約五百多人，有臧谷峯（財政廳長）、李一歐（教育廳長）、周彬（民政廳長，即毛澤民）、《新疆日報》社長王寶乾等，因爲此案牽連到蘇聯和中共，爲了審愼起見，大哥要求中央派員來協助審訊過程。蔣介石指派王德溥、季源溥、鄭大綸、朱樹聲等赴新審理。大哥將此案經過製成兩份，一份交給中央，一份交給莫斯科當局。

盛世騏被暗殺的案子，經過幾個月的調查，基本上已經水落石出，就是四嫂受到蘇聯誘使，槍殺了自己的丈夫。然而我們並不怪罪四嫂，四嫂當時只有二十六歲，是個弱女子，她根本無法抗拒一個國際陰謀組織的設計，可以說她是個不幸的犧牲者。當一個國際陰謀組織在設計陰謀時，任何人都難逃其魔掌。有人懷疑四嫂是個弱女子，如何開槍射殺一個高級軍事人才？按理說，四嫂如果只是一名普通女子，她的確無法開槍得逞；但大家都忽略了四嫂不是普通女子，她在蘇聯私自參加了聯共CY。聯共CY就是俄共青年團，CY各個都是受過訓練的革命份子，射擊是他們的基本訓練，他們練就一身鐵石心腸，一切以黨的旨意來行事，她不能也不行抗拒黨的命令。而四哥就是太專注在軍事上，對政治太不敏感，警覺心不夠，才遭暗殺。

如果不從審訊的口供來看，單從幾個迹象來研判，蘇聯還是最大的陰謀主使者。

第一，當我四哥被槍擊之後，不久，兩名蘇聯醫生就來了，我們根本還來不及通知，他們怎麼會知道我四哥受傷？

第二，當四哥被送進醫院後，蘇聯醫生根本不是在救人，而是在整人。當四哥送到醫院後，這兩名醫生又回到南花園，到四哥房間，和四嫂以俄文交談一會才離開，事後妹妹將這情形一一告訴我。當時，我們只覺得不對勁，卻沒察覺什麼？

第三，四哥在老太太房間，很少被叫回。三月十九日這天，四嫂爲何讓克梅來叫人，後來才知道，原來蘇聯作案都是有時間性的。

等到審訊出來才恍然，原來是蘇聯在幕後策劃，中共爲幫手，目的要推翻大哥的政權。這個陰謀暴動案，還沒有眞正付諸行動前，就被偵破，使新疆大局轉危爲安。

這個案子經中央審判的明明白白，是蘇聯和中共聯手，想推翻大哥的政權，而指使陳秀英暗殺自己的丈夫，也就是新疆機械化兵旅旅長。沒想到，從蘇聯，從重慶，從延安所傳出盛世騏之死，其口徑竟是一致，都說大哥想奪弟弟盛世騏的軍權。而這個謠言居然深受國際間和各黨派的歡迎，世人不明就裡，跟著搖旗吶喊，哥哥殺弟弟的傳聞自然甚囂直上。

其實，這個說法是蘇聯和中共造的謠，他們想要抹黑大哥，打擊大哥。請仔細想一想，盛世騏的軍權是大哥授與的，如果哥哥怕弟弟的權力大過自己，他可以不給軍權，沒有必要殺掉弟弟？給了軍權，弟弟的勢力壯大，足以對抗大哥的權勢，哥哥殺弟弟的可能性是有。可是，盛世騏方從蘇聯留學回來，剛當了幾個月的機械化兵旅旅長的位子，根本還無暇壯大自己的聲勢。說哥哥為了奪權殺弟，於情於理都站不住腳的。然而大家卻聽信謠言，加上歷史上多有所謂爭權奪勢之例，如李世民弒哥殺弟的玄武門之變。一些不明就裡的人士，便以歷史法則來論斷此事，盛家兄弟爭權奪勢之說，便想當然爾的，相信這是眞的。

老實說，大哥任新疆督辦以來，盛家人很少出頭，我家兄弟雖有五位，二哥盛世英、三哥盛世駿因學歷限制，不能給予重要職務，四哥和我當時年紀輕，還必須深造，沒辦法分擔大哥的責任。因此，新疆的權位多在邱家及汪家的手裡。邱宗濬是大哥的老岳丈，也曾是他的長官上司，大哥對他自然倚重。初來新疆，曾任命他為伊犁屯墾司司令，由於他在伊犁的作風太過軍閥，因故調回迪化閒置。他的氣焰比大哥高，對大哥經常大聲訓示，始終想攬權在身。汪家就是汪鴻藻，他是邱宗濬的大女婿，也就是大嫂的姊姊邱毓英的先生，大哥把部分軍權給了他。

盛家、邱家、汪家，雖是姻親關係，但背景迥異，我們盛家在大哥尚未出頭時，只不過是東北一戶簡單的農家而已。而邱家和汪家則不同，他們居城市，受教育，處高位。和他們相較下，盛家顯得單純多了。大哥指望自家人協助他治理新疆，義不容辭送我和四哥到蘇聯深造，就是希望我們有一天學成歸國，能成爲他的得力助手。果然，我們陸續歸國，不負大哥期望。四哥一回國，大哥馬上爲他籌組最現代、最好的機械化兵旅。而我，則負責情報和教育的工作。

當邱家和汪家，看到大哥的部署方向，是有意將政治方面交給我，軍事方面交給四哥，這可能引起他們的不安，他們視盛家如眼中釘，在有意無意間，刻意打壓我們，尤其大嫂更是偏袒邱家，大哥夾雜其中，很無可奈何。在新疆惡質的環境中，四哥是大哥的左右手，大哥如何會自砍手腳？

我四哥之死，根本就是蘇聯策劃反盛第一步驟而已。蘇聯一心想要新疆這塊土地，他們以爲大哥單槍匹馬，一個人又沒有任何黨派，力量有限，且又跟蘇聯很合作，從他的手裡拿取這塊土地，應當是易如反掌。事實上，他們錯估了大哥的實力。大哥機敏性格，是他們疏忽之處，當他們發現大哥並不那麼容易操控的時候，他們想把大哥整下臺。然而要把大哥弄垮，可不是一件容易的事，他們不能明目張膽，於是暗地裡搞鬼。

他們不只殺了我四哥，也想除掉我，如果不是我機警，差一點我也步上四哥的後塵。四哥的案子發生不久，一日，蘇聯領事館的小祕書頻頻打電話來，說莫斯科有人送了一盒禮物，叫我過去拿。蘇聯領館距離南花園很近，走路五分鐘就到，因爲忙，我對他們說，過些時日再去。可是當天蘇聯領館連續打了四通電話，執意要我一定要去拿，我察覺氣氛詭異，便不去蘇聯領館了。從此以後，如果有事要去蘇聯領館，我一定配槍。和他們喝酒，更是戰戰兢兢，以防他們下毒。由於我處處提高警覺，才避開浩劫。後來從審判中才明白蘇聯要置我們盛家於死地，把漢人的勢力除去，佔領新疆。如果，不是希特勒進攻莫斯科，恐怕我們盛家一個也別想活著，可能中國版圖也將缺角，新疆也會一如外蒙一般，在中國地圖中消失。

當初，審判程序都有中央派員參加。如果，國民黨能將檔案公開，也許整個事件都能一目了然。

# 十六、反蘇政策

在一個詭譎多變，又列强環伺的局勢裡，主事者要如何順應時勢，才能顧民又護土呢？唯有應「變」，才能順勢。大哥親蘇，又反蘇；友共，又反共；反中央，又回歸中央。這樣的「變」，遭來國內及國際間的怒罵和訕笑。殊不知大哥的「變」，才知他是個不折不扣的愛國份子和護土功臣；如果他沒有國家觀念，他不必得罪蘇聯；如果他只架構自己的名聲，他不必奮力建設新疆。大哥有强烈的國家意識，他不希望新疆脫離中國；他是封疆大臣，護土是他的基本職責。若說大哥的「變」是私心太重，那麼我必須說大哥最大的私心，就是希望靠蘇聯的力量把日本人趕出東北，好回去治理東北，完成郭松齡建設東北的心願。

新疆親蘇政策的制定，有當時現況的考量，其執行卻充滿各種危險。政治上親暱的行爲背後，也潛藏著無數心機。蘇聯和新疆政府經過幾個回合的交鋒，表面上，雙方仍然維持良好關係，實際上，彼此早有心結，只是心照不宣罷了。史達林是一位傑出的化妝師，擅長粉飾傷痕，每當新、蘇關係出現裂痕時，史達林便會適當給予撫慰，由從駐新疆總領事的派任就可看出端倪。

曾任新疆總領事的歐基揚克，是我在東方大學的同班同學。總領事的職權很大，駐新疆所有蘇聯的軍隊和人員都得聽他指揮，然而歐基揚克完全沒有外交經驗，還沒有資格當個總領事，他被派駐新疆，純粹因爲他是我同學的緣故。史達林相當聰明，雖然大哥對蘇聯必恭必敬，但他始終感覺新疆政府有些拗性。爲了拉攏新疆，他運用了各種關係，其目的就是希望新疆和蘇聯的關係再近些。

歐基揚克跟我的私交不錯，我常去領館找他說話，我也想從他那裡探得一些情報。然而在領館談話會受到監聽，並不能深談。有一回，我們兩人避開耳目，私自在河邊喝酒，我們深談許久，公事歸公事，私情歸私情。那回，他坦白告訴我，新疆政府雖然認眞執行親蘇政策，然而史達林還是不相信大哥。得到這個重要訊息，我立即向大哥報告，大哥點頭不語，我相信他心中自有盤算。

另一位領館的蘇聯女醫師，對我很友善，我會用俄語常找她聊天，套點蘇聯情報。她曾告訴我，聯共黨員每個星期在領館都有小組會議。不久，這小姐就被調走了，其原由不難了解。可見，蘇聯對新疆政府的警戒心很高。

除了這些，蘇聯的野心在日後一點點暴露出來，例如：蘇聯派了二百多位地質勘查專家來新疆，全是新疆政府付的薪水，一人高達兩百美金，我常充當他們的翻譯。在翻譯期間，我才知道，這些地質考察人員，拿了新疆政府的錢，卻不把調查的結果向新疆政府報告，反而向蘇聯報告。我跟他們理論，他們說他們只是奉命行事而已。更氣的是獨山子的油量，打井的費用，全是新疆提供，蘇聯卻不讓我們出油，反而要新疆政府跟他們買油。這些專家的說辭是新疆的交通設備太差，又沒有儲油設備，根本無法出油。雖然這些都是事實，但也太欺負人了，大哥看在眼裡，卻無計可施。

親蘇政策一直執行到民國三十一年（西元一九四二年）四月，四哥盛世騏之死，大哥才對蘇聯徹底絕望。原來蘇聯這個國家完全以唯物爲出發點，根本不把人當人看，蘇聯所訓練的共產黨員簡直毫無人性可言。大哥被美麗的謊言欺騙許久，如今大夢初醒，除了自責之外，他要想辦法解決新疆面對的危機──如何保住新疆爲中國永久領土。大哥仔細盤算過，新疆根本沒有反蘇的本錢。當時蘇聯是世界强國，各國都得禮讓他三分，而新疆不過是依附在他身旁的一個地區，反蘇政策，一如先前的親蘇政策，對大哥而言是一大考驗，他得步步小心行事才行。

大哥評估反蘇，不能明目張膽，新疆各機關，到處都是蘇聯的顧問，稍一不慎，這些蘇聯佈置好的棋子，將羣起圍堵新疆。新疆政府的羽翼未豐，並在休養生息的時候，無法承受戰火的摧殘，而新疆建設還須仰賴蘇聯，不能公開得罪蘇聯，況且新疆還有蘇聯的紅八團駐紮哈密。大哥眼看蘇聯要的是新疆這塊地方，而中共也存覬覦之心。大哥觀察情勢，衡量利害得失後，唯一的辦法，就是回中央。

大哥做任何事，喜歡以學理爲依據，他信仰馬列主義曾經那麼瘋狂，這絕不是盲目的信仰，而是他讀了許多馬克思、恩格斯的理論，深深被吸引；如今他發現共產主義在蘇聯只不過是個幌子，蘇聯行的根本不是眞正的共產主義，而是道地的帝國侵略主義。大哥回過頭來，重新對三民主義加以仔細研讀，分辨馬列思想與三民主義的不同，一個以唯物爲基準，一個以民生史觀爲基礎。在人類的社會上，政治是要服務人羣，而不是使人物質化。比較之後，大哥以爲三民主義優於馬列思想。在愼重的考量下，他選擇了重回中央的懷抱。

然而，回中央並不容易。對大哥而言，又是一次重大的抉擇和挑戰。試想：要把獨自打出來的天下拱手讓人，對任何人來說，都是難以割捨的事，更何況是讓給曾經有意傷害自己的政黨！過去林林總總的恩怨情仇，使大哥陷入相當兩難的局面。回中央，可能要面臨被清算的命運，他將失去在新疆所有的一切，他可能不再授與一官半職。但如果他繼續親蘇，新疆這塊地方一定保不住了。大哥想前顧後，他在民國三十一年（西元一九四二年）五月作下決定，義無反顧的回中央。既然他是國民政府認命的新疆省主席兼督辦，他要把新疆原封不動的交還中央，這是作爲封疆大臣的職責。他決定犧牲自己的前途，也要把新疆這塊地方保住。

回中央，這是聰明的政客所不爲的。所以，史達林斷定大哥絕對不會回中央，且中央政府也不可能容他。沒想到大哥以其絕妙的聲東擊西法，從史達林的手掌心走出，堂而皇之回到中央。有人說大哥回中央，是不得不然的舉動，是貪生怕死之徒？這是有心人士的指控，並非事實。試想：當時新疆有飛機、大砲、黃金，大哥如果貪生怕死，他大可帶著黃金飛往海外，去安享餘年，一如當年的金樹仁，何必回中央被人砲轟，自討沒趣結果？結果他沒有坐飛機去海外享福，因爲大哥愛國，不願新疆被侵佔，所以他選擇了連蘇聯都大吃一驚的舉動——回中央。

然而「回中央」，畢竟是大哥一廂情願的想法，中央不見得相信他。大哥和我曾商議許久，爲了讓中央清楚瞭解新疆的實際情形，大哥派我親往重慶見蔣介石，將新疆實況一一向他面告。民國三十一年（西元一九四二年）五月，大哥一面向蘇聯打官司，一面派我到重慶和中央接觸。二哥盛世英、劉漢升、任棟梁、胡昌華等人爲了盛世騏案，去莫斯科送證據。我則與張元夫飛往重慶，當時我是以新疆督辦公署邊務處副處長的身份，代表大哥去見蔣介石，負責將新疆和蘇聯的關係，眞實地陳述報告。

蔣介石見到我的第一句話，就說：

「過去中央和盛督辦的誤會，都是汪精衛搞出來的。」

我聽了只是一笑，也不說什麼！蔣介石的這句話，解釋了黃慕松和羅文幹在新疆所幹的勾當。老實說不管是誰，總是中央派的，蔣介石也脫不了干係，但往事已矣，也沒有什麼好爭論！我只是把蘇聯對新疆的野心，及大哥在新疆的種種措施，一五一十地說給蔣介石聽，蔣介石很用心地聽我報告，在座的還有蔣夫人一人。

我另一個目的就是表達大哥請辭新疆邊防督辦兼省主席一職的心意，大哥以爲蘇聯對他充滿敵意，如果他繼續待在新疆，恐怕史達林會對新疆更不利。蔣介石說：

「你告訴你家老兄，他的困難就是我的困難，現在國家有難，不能因為自己的困難而放棄，誰都不做這困難的事，這個國家不就完了嗎？」

蔣委員長說得義正嚴詞，我一時之間無詞以對。蔣介石爲了能讓我順利來重慶，於是給了我一個中央文化界參政員的名分。以後，我便利用這個名義來往新疆與重慶之間，藉開會之利向中央傳達各項直接訊息。每一次蔣介石都單獨召見我，仔細聽我報告。

新疆的歸順，對蔣介石是一大鼓舞，他說：

「此為國民政府自成立以來最大之成就。」

不費一兵一卒，就能使新疆回歸中央，尤其在抗戰最艱辛的時候，其意義更形重大。當我回到新疆向大哥報告一切經過，大哥心情豁然開朗，於是在七月上書給蔣介石，表明自己的心迹和新疆的種種問題，包括他與蘇聯交涉的全部過程，和蘇聯侵略新疆的野心與事實，這封專函，解開了中央與新疆的心結。

民國三十一年（西元一九四二年）七月十四日，蔣介石召開會議，商討新疆問題。八月十五日，蔣介石赴西北視察，他本擬親赴新疆考察，因迪化機場有蘇聯紅軍駐守。基於安全考量，最後決定由蔣夫人宋美齡代爲前往傳達意旨。隨行者有朱紹良、毛邦初（空軍總指揮）、梁寒操（軍事委員會政治部副部長）、吳忠信（蒙藏委員會委員長）、周昆田（蒙藏

•民國31年大哥與蔣夫人於迪化機場合影

委員會）、吳澤湘（後任新疆外交特派員）等人，他們於八月二十九日飛抵迪化。

蔣夫人來新疆慰問新疆軍民，自然受到熱烈歡迎。大哥為蔣夫人簡報新疆的實際情勢，也再三重申自己有嚴重失眠的毛病，恐導致精神失常，致使決策錯誤，貽誤邊局，請蔣夫人轉達中央，准許辭去新疆邊防督辦兼省主席，方可減少蘇聯和中共對新疆的仇視，暫時可以安定邊局。蔣夫人以為此時不宜換人，希望大哥留任其位。蔣夫人看到大哥的小女兒克文非常可愛，想收她為義女，這本是政治手腕，但因大哥大嫂是新潮人物，最反對這種舊式認乾兒女作風，對此事並不熱中，蔣夫人在新疆待了數天，便回內地。

蔣夫人來訪，給了蘇聯一個重擊，他們猛

然發現大哥跟中央的關係已解凍了，而進展的速度讓蘇聯吃了一驚，他們眞得小看了大哥！這次蔣夫人來訪，蘇聯不敢有任何實質動作，因爲蔣夫人乃女流之輩。不過蘇聯也不願意看見大哥親近中央，當蔣夫人回去後，蘇聯一方面誘以蜜語來安撫大哥；一方面到中央面前挑撥離間。大哥做事很强硬，他有理就做，心裡坦蕩蕩，不怕蘇聯去告狀。他有心建設新疆，沒想到蘇聯扯他後腿，給他難題，他也要蘇聯吃些苦頭，他不再配合史達林的指令行事。

反蘇政策不能成爲政令、口號，因爲當時中蘇英美等國係同盟國，本在一條戰線上對付日德義集團。新疆如果明目張膽的執行反蘇政策，在國際政治舞台上，中國將被斥責，甚至成爲衆矢之的，所以，反蘇政策只能作不能說。何況蘇聯有新式大砲、坦克、飛機，而新疆什麼都沒有？境內有的也都是蘇聯提供，新疆可不能拿雞蛋去碰石頭啊。

執行反蘇政策的第一步驟，就是解除蘇聯駐新疆人員的職務。大哥於民國三十一年（西元一九四二年）九月五日，即向蘇聯駐迪化總領事浦式根通知，除外交人員外，其他所有一切蘇籍人員，包括各軍政機關顧問，專家、各院大夫、各部隊教官，駐哈密紅軍第八團，以及地質考察團全部人員，應於三個月內一律離開新疆。十月，大哥交一份備忘錄給蘇聯稱：

「除蘇聯外交官員，可給予在新疆居留之自由外，其他在新疆的一切蘇聯人，包括軍事顧問人員，軍事教官，財政廳及建設廳之蘇聯顧問、技術專家、工程師、醫生、紅軍駐哈密第八團整個部隊、阿爾泰與伊犁區的錫礦人員與探測人員等都應在三個月內，一律撤離新疆省。」

但「請神容易，送神難」，這話一點都不錯。蘇聯顧問人員及技術人員，的確是應大哥的邀請而來，但他們來新疆不是幫忙新疆建設的，反而處處破壞新疆政權，大哥當然要解聘他們。蘇聯十分不願意，除了蘇聯總領事常找大哥談判外，小動作更是頻頻。蘇聯重坦克二十四輛，不聽邊卡制止，竟闖入邊境，進入伊犁，預備經伊迪公路駛向哈密。經過新疆當局幾次强硬的要求，才把蘇聯擅自闖入新疆境內的重坦克軍隊，撤回蘇境，蘇聯希望以武力正逐步的逼迫大哥，要他撤回成命。

紅八團和農具製造廠的蘇軍，是蘇聯在新疆的兩大勢力，也是對新疆威嚇最大的武力。如何清除這兩股勢力，一直是我們最傷腦筋的問題。紅八團在哈密，距離迪化有一段距離，沒有立即的威脅。但「農業器具製造工廠」位於昌吉縣，離迪化很近。此廠名爲「農業器具製造工廠」，實質卻是「飛機裝配廠」（非飛機製造廠）。蘇聯將飛機原件運來此處裝配，是中蘇合作的機構，隸屬中央，新疆政府無權置喙。我們只知道內部有飛機、坦克，卻從不知這廠到底駐守多少蘇聯紅軍?後來，我們從供給算出，有一千五百名紅軍，是迪化的心頭大患。起先，大哥以口頭、書面要求他們離開，但蘇聯置之不理。最後，大哥想出一個辦法，就是斷補給，嚴令百姓不准販賣任何食物用品給他們，這樣才把他們趕出去。

當大哥下達逐客令的同時，新疆政府也做好備戰的準備。新疆在城內興建防空壕，且組織一個十萬軍的游擊部隊。這個游擊部隊是大哥發覺蘇聯的野心之後，即悄悄成立的國民兵。由於當時新疆所有軍隊都有蘇聯顧問，只有國民兵沒有，我便是國民兵訓練處的處長。我帶三千人，全是維吾耳族，軍官皆是漢人。蘇聯領事想參觀國民兵的訓練情形，我便帶他參觀，我就是要他們知道，我們也是不好惹的。爲了提防紅軍進攻迪化，我帶國民兵駐防在老滿城，老滿城是哈密到迪化必經之地，一旦紅軍有動作，我們將誓死抵抗。

雖然我們極力作了這些宣示和準備，其實我們心理都很清楚，即使我們小心翼翼，超級大强國的威嚇依然十分可怕。大哥知道憑藉新疆或中央的力量，根本不可能把蘇聯嚇跑的，而當時唯一能制衡蘇聯的國家，只有美國，也許新疆問題國際化，是條可行的途徑。讓美國在新疆設置領事館，成了大哥最大的算盤。

美國很早就想在新疆設置領事館，而大哥始終不願意。直到阿山叛亂，外蒙軍隊援助阿山，大哥才同意設置美國領事館。由於當時新疆的情勢很複雜，許多國家對新疆這個地區都

•民國 32 年大哥及大嫂於迪化機場歡迎來訪的美國華萊士副總統

感興趣，當某個國家的要員到重慶或莫斯科，都會有意無意的路過，或專程到新疆來。我沒記錯的話，美國羅斯福總統祕書居里、羅斯福總統代表威爾基、美國副總統華萊士都曾來訪過。設置美國領事館大約在威爾基之後，約在民國三十二年左右。大哥利用國際關係這著棋，算是牽制了蘇聯。

美國的領事館就設在南花園附近，緊鄰蘇聯領館，主要牽制蘇聯。天底下的事情，都是無巧不成書；我的英文不好，根本無法與美國領事溝通，但因爲美國的小領事會俄文，這就方便多了。我常找他聊天，順便把蘇聯想在新疆開闢第二戰場的機心，一一向他陳述，請他轉達給美國總統羅斯福知道。美國一方面要蘇聯在遠東參加對日作戰；一方面關切蘇聯在中國的擴張。不久，美國對蘇聯說：

「你們應該對日本作戰，如何能在新疆開闢第二戰場！」

美國一席話，化解了新疆立即的危險。

大哥這著棋很厲害，他評估當時國際情勢是這樣的：蘇德戰爭開啓後，因租借法案，美國援助蘇聯大量物資，而蘇聯也需要美國的援助。以致蘇聯不敢得罪美國，遂對新疆不能輕舉妄動。民國三十二年（西元一九四三年）四月，蘇聯才勉强答應撤離新疆。

當大哥執行反蘇政策愈來愈强硬時，蘇聯也不斷有反撲的動作發生，例如此時邊境衝突頻傳。新疆與蘇聯的邊界很長，住在雙方邊境多是哈薩克族，他們根本沒有邊境觀念。蘇聯的哈薩克人到新疆來做買賣，新疆的哈薩克人到蘇聯做生意，來來去去，任誰也分不清誰是蘇聯人？誰是新疆人？當邊境發生暴動，也不知是新疆人打蘇聯人？還是蘇聯人打新疆人？蘇聯便利用邊境此一特性，製造機會，發動暴動，讓新疆當局疲於奔命。大哥在處理新疆邊境問題上，守著一個原則，就是不讓蘇聯有出兵的藉口。

中央在處理新疆問題上，也是謹愼小心。民國三十二年（西元一九四三年）一月，中央委派的軍政各機關主管長官陸續入新到任，直到六月中央才完成進駐程序，成功地將蘇聯的勢力一一撤離。即使如此，蘇聯仍然不放過大哥，史達林絕不容許有人背叛他，更何況是他一手扶持的大哥。蘇聯大使潘友新於民國三十二年（西元一九四三年）六月，向中央政府指責大哥對蘇聯措施爲「非法的及仇視的行爲」。蔣委員長還調侃他說：

「搞錯了吧！在中國，盛世才是最親蘇的省主席，他怎麼可能會反蘇呢？」

說得潘友新無言以對，他拿出最後法寶要置大哥於死地，那就是「盛、蘇密約」。蘇聯的用意很明白，他要破壞中央對大哥的信任，同時製造大哥對中央的疑懼。但這個密約，大哥在決定歸順中央時，便已經全部向中央報告過了。所以，蘇聯的反間計不曾得手。

新疆從親蘇政策到反蘇政策，一路走來，相當辛苦，大哥引蘇入新，又驅蘇離新，這是大哥勇敢的表現。除了有形的勇敢外，還有道德上的勇敢。經過十二年與蘇聯交手，大哥成爲中國最反蘇抗共的省主席，大哥永遠敢承擔他自己的選擇，這是我十分敬佩大哥的一點。

# 十七、回中央前後

大哥雖然重回中央的懷抱，但蘇聯料國民政府不會容他。同時，史達林更篤定大哥不會放棄新疆，進而離開新疆。只要大哥待在新疆一天，如同待在史達林的掌心一樣，史達林覺得來日方長，可以慢慢折磨他。因此，蘇聯只是不斷找機會對大哥威嚇利誘，並沒有再採取更激烈的劣行。

大哥也明白在强大的蘇聯底下，要全身而退不是容易的事。他曾經迷失、焦慮、掙扎，如今，他心意已決，任何花言巧語再也不會讓他異想天開，他不再欺騙自己。大哥選擇離開新疆，回中央，是他自己的決定，沒有人逼迫他這麼做。留，必定對新疆產生更大的傷害，史達林要置大哥於死地的局面已經擺出來。走，將是最好的選擇。

然而離開新疆，豈是一個「走」字可以了得？如同牌局，贏家說：「不玩了！」輸家怎肯甘休！史達林和人玩牌，沒有人敢對他說：「我不玩了。」史達林會說：「走，可以；得把性命留下來。」他的話就是法律，一定執行而且有效。他有「格別烏」，這是蘇聯內部，也是全世界最厲害的特工機關，只要史達林下達狙殺令，就算有十萬軍隊保護你，你也難逃一死！

大哥崇拜史達林，進而研究史達林，他知道他的能耐，絕非泛泛之輩，更何況處於事業顚峯的史達林，可以說無所不能。大哥學史達林治理國家的方式，也學他的機巧對付他，所謂「以其之道，還治其人之身。」如果史達林是頭獅子，那麼，大哥就是一頭雪豹，他護土的決心，絕不讓史達林在新疆得逞。

經過蘇聯、中共的破壞，新疆案件事端如春筍般湧現。大哥做事一向有律度，新疆講究法治，依法辦事才不致冤枉好人。雖然大哥在執行勤務時，有些强悍、果決，但還不致到霸道、無理的程度。新疆所有的案件，一律訴諸法庭。新疆有所謂「杜重遠陰謀暴動案」、「盛旅長被殺案」、「共產黨四一二陰謀動案」、「阿山案」共十來件。案案複雜、件件棘手，隱藏國際間的政治鬥爭，必須步步爲營。大哥爲了愼重起見，這些案子，都請了蘇方代表及中央代表一起審訊。由重慶赴新疆審判團有王德溥、朱樹聲、季源溥等。經過中央的審判，毛澤民（化名周彬）和陳秀英涉及盛旅長案子，一律被處死刑。然而大哥遲遲對毛澤民和陳秀英的極刑，遲遲不執行，引起中央的疑慮。重慶方面，始終飄蕩一些不利大哥的流言。例如：盛世才不殺毛澤民，就是對共產黨拋媚眼等，這些流言讓國民黨疑神疑鬼。

老實說，大哥的確遲延了毛澤民和四嫂陳秀英的處決令，態度上不太明快，難免給人非分之想。當時，大哥的想法是這樣的：四嫂陳秀英是聯共格別烏陰謀下的犧牲者，她還有三個嗷嗷待哺的幼兒需要她照顧。如果處決了她，三個孩子立即成爲孤兒。大哥一直尋覓線索，找出有力的證據，免除她的死罪，讓三個孩子不必成爲孤兒。所以，他對四嫂的死刑，並不急著執行。雖說這曖昧的態度都是私心作祟，卻也是人之常情。當時，中央對大哥的回歸，也處於評估階段，彼此都在表達誠意，卻也都在試探對方。大哥爲了支援抗戰，新疆援助一大批黃金給中央，這批黃金後來成爲金圓劵的準備金。又在民國三十二年，捐出十架蘇聯製的戰鬥機給中央政府，中央也給予善意的回應。但是這種試探都是高風險的賭注，當未來變數還不能充分掌握時，大哥唯獨握著對自己有利的籌碼，才能保障自己。毛澤民就是大哥手中的一張暗牌，他要虛張聲勢的僞裝他的暗牌，讓各方人馬摸不清他的走向，他在模糊和坦白間遊走，當各方人馬無法做出確實的判斷時，新疆才不至於有立即的危險。

至於毛澤民，他是一只活棋子，如果留著他，和中共還有談判的籌碼；反之，殺了毛澤民，等於正式宣告與中共爲敵。

直至民國三十二年（西元一九四三年）九月二十八日，大哥要到重慶參加十一中全會，

• 民國32年大哥率新疆全體民衆獻戰鬥機十架獻機典禮盛況

也就是他必須攤牌的時候，才在離開新疆前夕處決了毛澤民。選擇這時間執行極刑，當然有政治上的考量。

第一、表態

他殺了毛澤民，就是向國民黨宣告，他已經跟共產黨劃清界線，他不會再走親共的路線了。

第二、報復

大哥對四哥的死，深感愧疚，四哥可以說是代大哥而死的。毛澤東既然不顧念朋友之情，要了他弟弟的性命，那麼，他爲什麼不能也要他弟弟償命。當時，有些人勸他打消處決毛澤民的念頭。最後，大哥還是殺了毛澤民，他要爲弟弟報仇。

從這點看來，大哥根本不是一位政治

人物，一個政治人物是不能樹敵的，大哥卻犯了大忌，當然，我們全家都支持大哥的決定。大哥與共產黨結下了這個不共戴天之仇，導致大陸變色後，中國共產黨公佈了十五名通輯要犯，第一名是蔣介石，第十五名就是大哥盛世才。

大哥臨去重慶前，想把軍權交給他的老岳丈邱宗濬。但情報顯示，邱宗濬仍然想利用蘇聯，也就是還是採親蘇政策，所以大哥最後仍不敢把軍權交給他。我當時是衞侍隊隊長，大哥常找我商量事情。民國三十一年（西元一九三二年）至民國三十三年（西元一九四四年），這期間，雖然大哥已經回歸到中央的體制下，但新疆危機依然重重，整個新疆政局處在風雨飄搖之際，雖然中央派了大批的人力來新疆工作，蘇聯的軍隊也分別撤離，中蘇邊境的衝突卻持續惡化，甚至蘇聯派飛機入新轟炸，幫助阿山烏斯滿叛變，國軍遂正式進駐新疆。

大哥對中央進駐新疆，始終抱持歡迎的態度，然而他的做事態度和重慶來的要員不太相同，摩擦在所難免。如羅家倫當時是監察使，但大哥不把他放在眼裡，時常冷落他，很多事不直接找他商量。所以，羅家倫對我們也始終不懷好意。其實，羅家倫的學識很不錯，大哥也修正過他的態度，但民國三十三年（西元一九四四年），他仍然捉了不少中央派來的要員。四月十七日，大哥將省委劉效藜、教育廳廳長程東白、社長郎道衡，市政委員會主任王乃中等十餘官員拘捕，這些人都是親共人員，因爲新疆已經執行反蘇政策，這些親蘇友共份子，仍然親蘇友共，違背了當時的政策。到了八月十一日，大哥又拘捕師長柳正欣及建設廳長林繼庸，省黨部書記長間境遇廳長黃如今等三十餘人。事變發生後，監察使羅家倫及美國駐迪化領事先後祕密發出「新疆有政變」的電報，新疆盛世才的動向，再度成爲舉國喧嘩的焦點新聞：盛世才又要親蘇造反，成了重慶的火線話題。

民國三十三年四月及八月間，大哥確實分別抓了不少中央人員。然而抓人並不是爲了親蘇，而是爲了反蘇。大哥與蘇聯交手過，瞭解蘇聯笑裡藏刀的手段。而中央人員仍對蘇聯保持好奇，由於當時中蘇雙方還維持著表面的友好關係。所以許多中央人員並不支持大哥執行反蘇的政策。再加上，大哥的作風一向積極、迅速，他不隨便抓人，一旦抓人，就表示有了證據。這些證據都不是捏造的，當時審理這些中央人員的事權，並不完全操控在大哥手裡。第八戰區司令長官朱紹良、徐局長恩曾，及徐局長祕書李宏先生都是審判員，他們瞭解甚詳。爲什麼抓這些官員，倒不是這些官員貪贓枉法，而是這些官員違反了反蘇政策，因爲他們多少帶有同情共產黨和親近蘇聯的想法。請記住，當時中央人員都有雙重身分，明的是國民黨員，暗的是共產黨員。大哥已經徹底反蘇抗共，他不容許歷史重演，他不容許有人在新疆掛羊頭賣狗肉，一旦有證據顯示他們親蘇友共，大哥就抓人。這一切都得歸功新疆的情報系統，使大哥能在事件發端之際，順利破解陰謀。這套「防患於未然」的措施，後來被批評是神經過敏的反應。

另一方面，抓人的背後還隱藏一個鮮爲人知的機心，那就是故佈疑陣，製造假象。自從四哥死後，大哥已經徹底反蘇抗共了。然而，大哥已經犯了共產黨的大忌。當年，全世界的馬克斯主義者，尤其是蘇聯與中共的共產黨，絕不會讓任何黨員自動地脫離黨籍，要脫離可以，必須提腦袋來見。大哥也理解反蘇的嚴重性，更知道他要如何做，才不致刺激蘇聯對新疆和他做出報復行爲。

所以，反蘇政策根本不能公然掛牌，這個政策只能做不能說。大哥的手法就是表面維持友誼，甚至可以走的更近。讓蘇聯誤以爲新疆還是貫徹親蘇政策，即使大哥驅趕駐新的蘇聯工作人員，大哥也以執行中央命令而不得不然，來搪塞蘇聯的質疑。雖然，蘇聯已經感覺大哥對蘇聯的態度有所轉變，但從大哥的行爲裡，方向仍不太明確。在模稜兩可間，蘇聯不斷對大哥喊話，也加强其心理戰術。在你爭我奪的局勢裡，步步是險棋，招招是死招，才能化險爲夷。有鑑於此，大哥一直製造假象，企圖讓蘇聯理解，他是有機會走回頭路的，只要蘇聯對新疆再好些，他可以再與蘇聯重修舊好。如此一來，才不致造成狗急跳牆的局面。大哥抓拿中央官員的另一動機，就是讓蘇聯以爲他有回頭的意圖。其實，蘇聯不知這是大哥的花招，抓人也是表演給蘇聯看。八月二十九日，中央發布大哥調任農林部長。吳忠信繼任新疆省主席。九月十一日大哥離開迪化，飛往重慶。結束他在新疆十二年的生涯。速度之快，讓蘇聯措手不及。

大哥坐飛機離開重慶，老太太也是蔣介石派專機接出來。其他家族成員都是坐汽車出來，我們這一家族和好些東北同鄉，帶著一連兵隊一千五百人，分乘一百五十輛卡車，除了大哥的老岳丈邱宗濬一家在蘭州停留下來，其他人則繼續往重慶前進。

回到中央，西北第八戰區的祕書長讚許大哥的才智；並寫了對聯：「功在西域，安度玉門。」當然，也有不少尋冤尋仇者的批評。在民國三十四年（西元一九四五年）五月，國民大會內，有麥斯武德報告大哥在新疆之虐政，他提出：

㈠請求大會開除盛世才黨籍。

㈡請求總裁扣留盛世才。

大哥也起身辯解，後來，總裁做政治報告，解釋新疆問題，將省政交還中央，可以將功贖罪。

另一次，忘記是誰？他們攻擊大哥，蔣介石只說：

•民國32年大哥赴重慶述職與蔣介石合影

「你們現在攻擊盛世才，為什麼盛世才在新疆時，你們不攻擊？如今盛世才在中央，你們才攻擊？」

說得大家不敢吭氣。又有一回在重慶開黨中央會議，有人檢舉大哥貪污。蔣介石說：「據我所知道，許多省主席都貪污，只有盛世才一人沒貪污，全交給中央了。」以後沒有人提這事。蔣介石平日很少袒護誰，卻很替大哥解圍。這表示新疆的情勢，蔣介石瞭解，其他人則不瞭解，受限於當時的政治局勢，蔣介石不願多講，我們也是。所以，明者自明，不明者依然渾沌。

對新疆內幕最清楚的只有兩個人，一個是大哥盛世才，一個是蔣介石。請看蔣介石著的《蘇聯在中國》，他說：

自三十年上半年起，蘇聯對新疆壓迫愈甚，盛世才受到切身的威脅。三十一年四月間，蘇聯在新疆的領事及特工人員共同製造政變，企圖推翻盛世才，來建立其蘇維埃傀儡政權。我在是年八月間，巡視西北陝甘寧青各省，並派蔣夫人同朱紹良將軍飛往新疆省會之迪化，慰勞當地軍民，乃與盛世才商決保全國家領土主權，與還政於中央問題。

於是盛世才乃承德俄戰爭正在激烈進行的時機，即接受中央命令，完全輸誠了。此時蘇聯聞訊，立派其外交次長趕赴迪化，要求盛世才履行其在一九三四年，向蘇聯所作在新疆施行共產主義之諾言，並以此相要挾，未得結果，悵然而返。

蔣介石說的這些都是事實，大哥在離新疆之前，又逮捕了中央的人員，都不是爲了自己，而是爲了大局。其實很多情況，是作給蘇聯看的，老實說，我們盛家人要感謝德國希特勒，如果當年，希特勒沒有進攻蘇聯莫斯科，我們盛家人一個也別想活著走出新疆。因爲當時蘇聯已經擺好架勢，要滅亡我們全家。大哥能偕全家全身而返，實在不簡單。

許多人說大哥到最後又要反中央，又要親蘇友共。其實分析當時的情勢就可知眞假：大哥在民國三十二年殺了毛澤民之後，他和中共的關係正式斷絕，怎麼樣都不可能復原的。如果沒有殺死毛澤民，那和中共重歸舊好，是有可能的。既然他殺了毛澤民，就已經表達他的決心。即使他有心要親共，共產黨也不會容他的。這些都是有心人士攻擊大哥的武器，而國內不明人士卻跟著搖旗吶喊，完全不查明眞相。

以後事實證明，大哥親蘇友共的念頭已經完全斷絕，是個絕對反共人物，因爲他比其他人更早徹徹底底看清共產黨的眞正面目：爲達目的，不擇手段。

國民政府軍事委員會用牋

晉庸老弟督辦勳鑒十九日手書
及令弟携送樓交電均誦悉肝膽
赤忱無任感慨弟十年艱苦
為國家保持邊疆完整無缺（闕）苦
心毅力實難言喻民國以來封疆

國民政府軍事委員會用牋

功績未有如君
弟之感者也茲既决心辭卸邊政
為公為私在在皆不便強留故特調
弟任農林部長俾能盡展長才
助成國家整個之建設至繼任

國民政府軍事委員會用牋

人選已內定為吳禮卿兄以其老成
厚重必能洽孚軍民繼續吾
弟之治績在禮卿兄未到以前
由朱長官暫行兼代以便
弟可早日來渝就職藉副中

國民政府軍事委員會用牋

央之殷望此後一切公私各事
中必為兄弟負完全責主持
一切請勿顧慮務令於星期
二日行政院例會發表甚望兄
弟有政委接之後即來就職

國民政府軍事委員會用箋

俟華行就職之後再回新
料理多事期使內外皆臻完美
康不負委座之苦心也關於此次
陰謀案犯自當秉公處理茲特
派特徐恩曾次長來新調查決

國民政府軍事委員會用牋

不有此縱徇護矣

弟將一切情形詳告恩曾同志

並與之切實研究矣盼能均

托一民兄面達不盡并頌

戎祉

中正手啓

八月二十六日

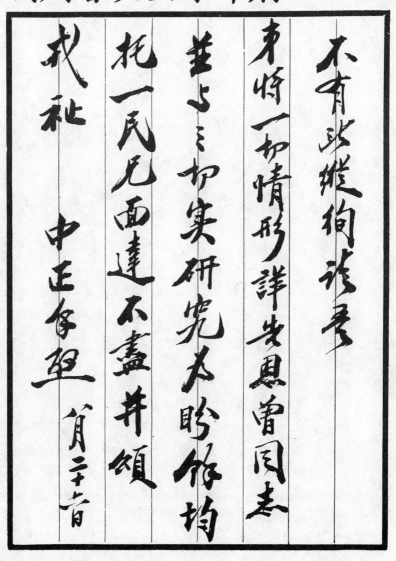

# 十八、盛世才在台灣

民國三十三年（西元一九四四年）十月，大哥就任農林部部長，住在黃山山腳，是蔣介石特別為他安排的房子。其他家人則分別住在汪山、歌樂山黃角椏。蔣介石也替我安置一個「侍從武官」的缺，但我沒就任。大哥作農林部長大概有一年多，後來因宋子文和蔣經國的關係下臺。因為他們兩人曾與大哥有過節，這得追溯到大哥主政新疆期間，嚴格要求進入新疆者，必須拿有新疆的通行證，方准進入。當蔣經國和宋子文要求進入新疆，大哥不同意，沒給他們通行證，以致飲恨而結下樑子。

下台後的大哥，仍跟著中央政府。抗戰勝利後，大哥移居南京，民國三十七年（西元一九四八年）十二月，他隨中央政府到台灣。乘坐中興輪，到台灣基隆，有台灣朋友來接船。先在安東街落腳，後住在仁愛路二段八七號、八五號和八三號。大哥大嫂帶著自己的子女也帶著一大家子，有父親、新媽、小六、和四哥的大女兒克梅和小女兒克菊，及佣人如劉志

•民國44年，父親八十歲壽誕在臺家屬合影

學、錢秀珠、倪影、王梅夫婦、蘇司機夫婦、焦連長夫婦、克君及他們的母親二嬸、劉軍械單嫂一家、王德福、黃國文張小蘭夫婦。

至於母親，一直由妹妹盛世同照顧，由於妹妹與大哥之間的心結未開，再加上她一直等著俞秀松，有一天能回來團聚，所以決定去杭州諸暨俞秀松老家等他，老太太也就沒跟著大哥過來台灣。當時，我也不願意到台灣來，後來情況危及，在不得已的情況下，帶著小兒克蘇乘飛機出來。由於到台灣沒有入境證，最後還是大哥把我保出來。

當時，我住台中，後來搬到中和

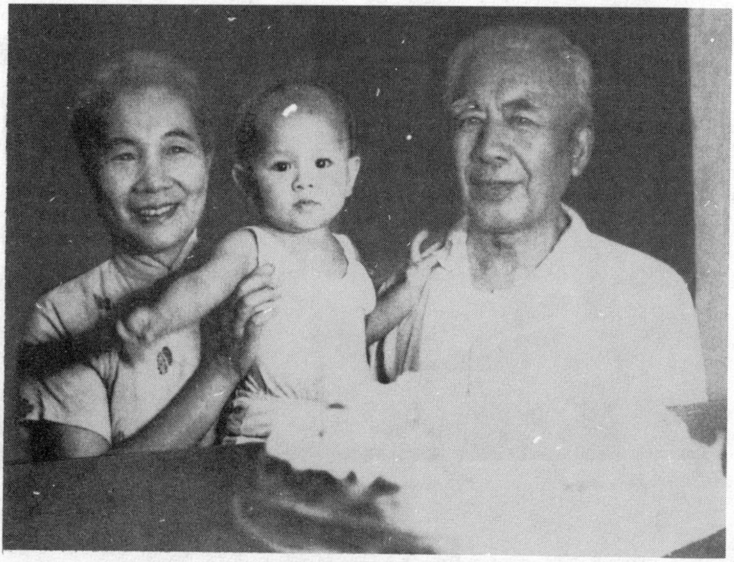

•民國52年大哥和大嫂結婚40週年紀念與孫子合影

鄉，大哥一家住仁愛路八七號，父親和新媽等人住八十三號。大哥因為在台灣有留日的朋友，所以才買了仁愛路的房子。當時大哥任光復大陸設計委員會的委員一職，沒有實際的職權。所以在台灣的大哥，只是一個平民百姓。為了生計，他做起生意來，種香菇、養魚、在成都路開「起士林麵包店」，由於大哥大嫂都不會經營生意，生意後來一一結束。

民國三十八年（西元一九四九年），老丈人邱宗濬全家十一口人在蘭州被殺，唯一的孫女邱光慈因病住院逃過一劫，大哥的侍從黃國文冒險進入大陸，把邱光慈接到台灣來。另一個案子就是我姐夫彭元吉被押回新疆，執行槍決。當時，我姐夫在上海，共產

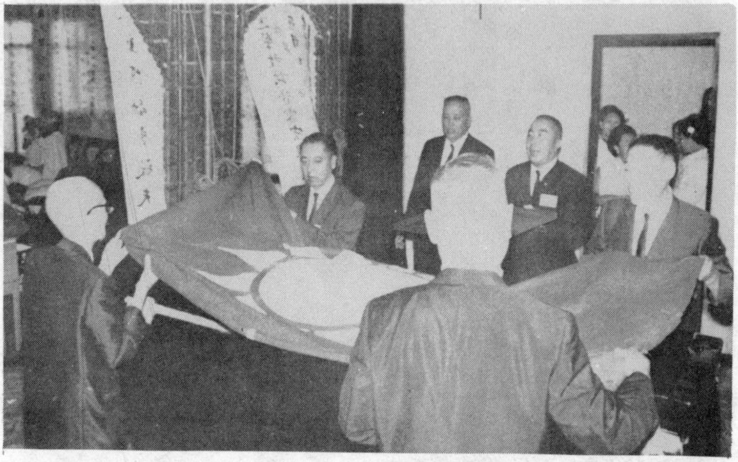

• 覆旗

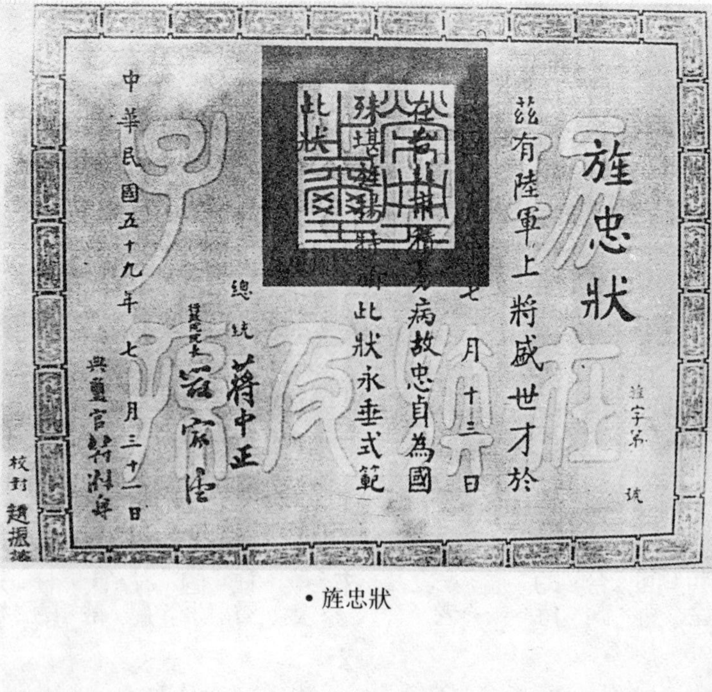

旌忠狀

茲有陸軍上將盛世才於……七月十三日
……病故忠貞為國
……頒此狀永垂式範

旌字第　號

總統　蔣中正
行政院院長　嚴家淦

中華民國五十九年七月三十一日

典璽官　[illegible]

校對　趙振[illegible]

• 旌忠狀

黨居然把他帶回新疆槍斃他，原因無他，只因當年他是新疆審判長，判處毛澤民死刑，事隔多年，共產黨依然不放過他。當台灣一度吃緊時，大哥一家想移民美國，但因不能帶走整個家族，大哥、大嫂恐家人受共產黨迫害，紛紛幫家人改名，改名這件事是經過當時陳誠副總統批准的。民國三十九年（西元一九五〇年）五月，部分家族成員改了姓名，也把部分家族遷往屏東潮州鄉下。

後來，局勢穩定下來，大哥沒有去美國，又把家人接回來。以後，大哥都在家中寫回憶錄，家中很少訪客，他從不批評中央，也沒有道過人家是非，深居簡出，只是寫書。美國國會曾一度來台跟他商量，要購買他的回憶錄，後來價錢沒有談攏，作罷。美國要購買大哥的回憶錄，主要原因就是想看看大哥一個人到新疆，單槍匹馬，沒有一兵一卒，沒有組織，他如何打開這個格局？治理新疆十二年，如何與蘇聯過招？美國人主要想看這個。可惜，大哥的回憶錄還來不及出版就辭世了。大哥於民國五十九年（西元一九七〇年）七月十三日（農曆六月十一日），因腦溢血逝於台北空軍醫院，葬於台北陽明山第一公墓十二區，獲頒精忠狀。

大哥死後，大嫂便赴美，於民國七十五年（西元一九八六年）九月四日死於紐約，安葬於紐約。

大哥大嫂在台灣的日子，寧靜而不被打擾，夫婦兩人還聽天主教的道理。由於大嫂的緣故，我們兄弟在台灣不如在新疆時的親蜜反而疏離了。歸根究底還是起自在新疆時期，大嫂在權衡利害關係時太袒護娘家邱家人，而排擠我們盛家。有關我四哥的案子，我一直懷疑邱家涉了案，只是涉案的程度至今仍是個謎，這負面效應一直打擾我們盛家，以致彼此感情不睦。

走過歲月，才知政治的無情，親情的可貴。所以，我反對子女涉入政壇，大哥的子女也沒有一個從政的，現在他們都在美國，過著平靜的生活。

# 盛世才年表

一八九二 民前一九 農曆十二月初六日，盛世才出生於東北遼寧省開原縣盛家屯。

一八九四 民前一七 俄皇尼古拉二世即位。爆發中日甲午戰爭。國父創立興中會於檀香山。

一八九五 民前一六 中日簽訂馬關條約。

一八九六 民前一五 李鴻章和俄簽訂中俄密約。

一九〇四 民前八 日俄戰爭爆發，俄敗。

一九〇五　民前七　俄國爆發革命。
日俄訂立樸資茅斯條約。

一九〇九　民前二　農曆九月三十日，盛世才的五弟盛世驥出生。

一九一二　民一　中華民國臨時政府成立，清帝溥儀退位。
西藏在英助之下，入侵四川。
俄與外蒙密訂協約及商務專條。

一九一五　民四　袁世凱接受日本二十一條要求，是爲五九國恥　畢業於上海吳淞中國公學政治經濟科。
中俄蒙簽訂恰克圖協定，同意外蒙自治。

| | | | |
|---|---|---|---|
| 一九一六 | 民五 | 袁世凱稱帝。<br>中華革命軍及東北軍起義討袁。<br>日俄密訂協約。 | 赴日本留學，就讀明治大學政治經濟科。<br>奉父母之命，娶元配胡氏。 |
| 一九一七 | 民六 | 俄二月革命，推翻帝俄政府，後由列寧取蘇維埃成立。<br>張勳擁清廢帝溥儀復辟。 | |
| 一九一八 | 民七 | 俄國共產黨成立。<br>第一次世界大戰結束。 | 從日本回國，參加雲南講武堂韶州分校二期步科受訓。 |
| 一九一九 | 民八 | 五四運動起。<br>中華革命黨改組爲中國黨。<br>外蒙撤銷自治。 | |

| | | | |
|---|---|---|---|
| 一九二〇 | 民九 | 直皖戰爭爆發。 | 自韶州講武堂畢業，回東北任軍職。 |
| 一九二一 | 民十 | 蘇俄侵占庫倫，鼓勵外蒙獨立。 | 與邱毓芳結婚。 |
| 一九二四 | 民十三 | 中俄簽訂協定，恢復邦交。 | 張作霖保送盛世才至日本陸軍大學讀書。 |
| 一九二五 | 民十四 | 國父病逝北京。上海五卅慘案發生。 | 郭松齡發動政變，盛世才回國助陣，不幸敗北，逃回日本。 |
| 一九二六 | 民十五 | 國民革命軍誓師北伐。 | |
| 一九二七 | 民十六 | 國民黨進行清黨。共產黨在廣州發動暴亂。國民政府與俄絕交。 | 自日本陸軍大學畢業。回國任國民革命軍總司令上校參謀兼中央軍校附設軍官團教官。 |
| 一九二八 | 民十七 | 五三濟南慘案。北伐完成，東北易幟，全國統一。 | 任北伐軍總司令行營參謀處第一科科長，十一月調參謀本部第一廳第三科上校科長。 |

| | | | |
|---|---|---|---|
| | | 蔣中正爲國民政府主席。 | |
| 一九二九 | 民十八 | 俄入侵形成中東路事件。 | 新疆省祕書長魯效祖極力推薦盛世才到新疆發展。 |
| 一九三〇 | 民十九 | 蔣中正於南昌舉行剿共軍會議。 | 任教北京陸軍大學。十月十日，盛世才夫婦抵達迪化。 |
| 一九三一 | 民二十 | 九一八事變。中國共產黨江西成立中華蘇維埃共和國。 | |
| 一九三二 | 民二十一 | 一二八事變。僞滿洲國於長春成立。肅清豫鄂皖的共黨。中俄恢復邦交。 | 七月，任東路剿匪總指揮。 |
| 一九三三 | 民二十二 | 第五次剿共。 | 盛世才五弟盛世驥到新疆讀書。四月，東北義勇軍陸續從西伯利亞到新疆。 |

四月十二日，新疆發生政變，省主席金樹仁下臺。

四月十四日，盛世才被推爲臨時邊防督辦。

六月，黃慕松到新疆宣輔。

六月二十六日，盛世才將陳中、李笑天、陶明樾三人處決。

八月，中央任命劉文龍爲新疆省主席，盛世才爲邊防督辦，張培元爲伊犁屯墾使兼新編第八師師長。

九月七日，外交部兼司法行政部長羅文幹到新疆，監誓劉文龍、盛世才就職。

十二月，陳德立、姚雄赴蘇聯談蘇新貿易及各項援助事宜。

一九三四　民二十三　共軍因被圍剿而西竄。

一月，馬仲英圍攻迪化，蘇聯紅軍打扮成歸化軍，進入新疆參戰。

一九三五　民二十四　共軍竄抵陝北。
日本策動華北自治。

四月初，馬仲英部隊全面瓦解。
四月七日，盛世才公佈「八項宣言」。
四月十七日，全新疆第一次各族代表大會在迪化召開。
七月十日，馬仲英去蘇聯。
七月十五日，盛世才向迪化蘇聯領事要求引渡馬仲英，蘇聯以馬仲英爲政治犯爲由拒絕。
盛公世騏與陳秀英結婚於迪化水磨。
五月，盛世才的父母同部份家族自北平遷到迪化。
五月十六日，盛世才與蘇聯訂立五百萬金盧布貸款合同。
五月，王壽成等二十五名聯共黨員由蘇聯到新疆。

| | | | |
|---|---|---|---|
| | | | 十二月，盛世才將和平、反帝、親蘇的三大政策，擴充爲反帝，親蘇、民平、清廉、和平、建設六大政策。 |
| 一九三六 | 民二十五 | 國民政府公布五五憲草。<br>西安事變。 | 奇台地方稅局前後任局長，均因貪污槍決。<br>夏，盛世才之妹盛世同與俞秀松結婚。 |
| 一九三七 | 民二十六 | 七七事變。<br>八一三事變爆發，抗戰正式開始。<br>國民政遷都重慶。<br>日軍在南京大屠殺。 | 二月，陳雲到達新疆。<br>五月，中共西路軍四百多名士兵抵達迪化。<br>七月，中共西路軍改爲「新兵營」，接受各項軍事訓練。<br>九月，成立八路軍駐新疆辦事處。<br>冬，盛世才逮捕俞秀松。 |
| 一九三八 | 民二十七 | 日本在南京成立僞新政府。 | 一月，蘇聯紅八團駐紮哈密。<br>二月，毛澤東的弟弟毛澤民化名周斌，到新 |

| | | | |
|---|---|---|---|
| | | | 疆任財政廳長。<br>六月，送俞秀松回蘇聯。<br>八月，盛世才以治病名義赴蘇聯，會見史達林。 |
| 一九三九 | 民二十八 | 日機狂炸重慶。 | 盛世才聘請杜重遠任新疆學院院長。 |
| 一九四〇 | 民二十九 | 華北共軍侵入山東。 | 一月十一日，「新兵營」三百多位共軍啓程回延安。<br>四月四日，國民政府任命盛世才爲新疆省政府主席。<br>五月，盛世才逮捕杜重遠。 |
| 一九四一 | 民三十 | 珍珠港事變爆發。 | |
| 一九四二 | 民三十一 | 蔣中正出任中國戰區盟軍最高統帥。 | 三月十九日，盛世才的四弟盛世騏被太太陳秀英槍殺於新疆南花園。<br>六月，盛世才派盛世驥到重慶參加參政會，向蔣介石報告新疆的情況。 |

七月七日，盛世才上書給蔣介石，報告與蘇聯祕密交涉經過。

八月二十九日，蔣夫人宋美齡女士到迪化會晤盛世才。

九月五日，盛世才通知迪化蘇聯總領事，除外交人員外，要求撤退在新疆的所有蘇籍人員。

九月十六日，盛世才逮捕毛澤民、陳潭秋等中共黨員。

十一月二十八日，盛世才兼任第八戰區副司令長官。

一九四三　民三十二　中美英召開開羅會議。

國民黨新疆黨部成立。設置美國領事館（確切時間盛世驥先生記不清了）。

六月十八日，美國副總統華萊士自西伯利亞抵達迪化訪問。

| | | | |
|---|---|---|---|
| | | | 夏，美國農業部長威爾基訪新疆。<br>九月二七日，毛澤民被處死。<br>陳秀英被處死。<br>九月二八日，盛世才赴重慶敍職。新疆民衆獻戰鬥機十架給中央政府。 |
| 一九四四 | 民三十三 | 俄國策動新疆伊寧事變。<br>史迪威事件。 | 四月十四日，盛世才逮捕教育廳長程東白、省政府委員劉效藜等人。<br>八月十一日，盛世才拘捕師長柳正欣，及建設廳長林繼庸等三十餘人。<br>八月二十九日，盛世才調農林部長，吳忠信繼任新疆省主席。<br>九月十一日，盛世才離開迪化飛抵重慶。<br>十月，家族離開新疆經西安蘭州長江三峽到重慶，分別住在黃山汪山歌樂山黃角椏。 |
| 一九四五 | 民三十四 | 蔣中正和毛澤東在重慶 | 抗戰勝利，盛世才全家追隨中央政府到南 |

會談。　京。

美英俄舉行雅爾達密約。

台灣光復。

一九四七　民三十六　二二八事變。

俄蒙軍侵入新疆北塔山。

一九四八　民三十七　甘地遇刺身亡。　十二月，盛世才全家及部分家族由南京經上海到台灣（乘中興輪）。

一九四九　民三十八　中共政權在北京成立，爲中華人民共和國。政府遷台。　任國防部上將參議，行政院設計委員會（今光復大陸設計研究委員會）委員。

一九七〇　民五十九　七月十三日，因腦溢血逝於台北空軍醫院，獲頒「精忠狀」。

# 整理者的話——歷史的盲點

在中國近代史中，新疆王——盛世才，是一位備受爭議的人物。他曾是國民政府欽命的新疆省省主席兼督辦，也曾是國民政府最不信任的省主席；他曾是中國各省最親蘇、友共的省主席，也曾是最反蘇、抗共的省主席；他曾是國民大會上被批鬥的政府要員，也曾是蔣介石最護守的封疆大吏。

有人說：盛世才，殺人魔王也。

有人說：盛世才，護土有功者。

兩極化的爭議，使盛世才在中國近代史上，成了一位模糊人物。即使他在民國五十九年（西元一九七〇年）蓋棺，仍鮮少有人肯用心評論他在新疆的功過。在近代史的研究領域裡，盛世才可以說是一位遭到惡意遺棄的人物。

盛世才之所以受到爭議，主要還是他主政新疆十二年，新疆儼如一個獨立王國，擁有自己的軍隊，自己的政府，自己的外交政策和情報系統，中央勢力始終進不了新疆。抗戰期間，新疆的六大政策、重慶的三民主義及延安的共產主義，更形成三大勢力鼎立的對抗局面。盛世才執行親蘇友共政策長達十年之久，最後二年又徹底反蘇抗共，撲朔迷離的政策，遭到各方的非議；他邀友入新，又視友爲敵，拘捕、殺人時有所聞。是是非非，有如煙幕，毀譽亦參半。

有關盛世才的論爭有三個焦點：第一、親蘇，第二、反蘇，第三、殺人。這三點都是事實，盛世才也從不否認這三項指控，甚至他自己還將新疆事由做了表述，寫成文章，仍然無法平息衆議。經過觀察，發現盛世才曾經陷入蘇聯、日本、英國、德國等列强的鬥爭泥沼中。更捲入國民黨、共產黨兩黨的爭逐漩渦內，造成各說各話的局面。當盛世才採親蘇友共政策時，國民黨謾罵，共產黨稱頌；當盛世才反蘇抗共時，共產黨唾棄，國民黨支持；盛世才不論親蘇或反蘇，國、共兩黨總有指責的理由。尤其在新疆與蘇聯鬩牆之後，盛世才反蘇政策損害了蘇聯的利益，遂使蘇聯大量散佈不利於盛世才的言論，打擊盛世才；而日、英、德同樣對盛世才充滿敵意。國、共兩黨的文獻資料，深受蘇聯及各國情報的影響，盛世才的處境是動輒得咎。再加上盛世才主事新疆以來，因爲國民黨、蘇聯共產黨、中國共產黨三大勢力，積極在新疆奪權，陰謀不斷，造成許多人被殺，也拘禁過不少文人。這些文人出獄後，爲報復而紛紛寫文章攻擊。在盛世才回歸中央以後，反盛的聲浪排山倒海而來，一直到政府遷台，還餘波盪漾。

國民黨方面，因爲盛世才在新疆，曾拘禁不少國民黨黨員，這些人在重慶控告盛世才不成，來到台灣，即採文字控訴。如廣祿、宋念慈、孫福坤等人都寫了一些文章，經過盛世驥先生的指證，文章中有不少造謠及毀謗，例如廣祿在《盛世才怎樣統治新疆》中，他說書中：「新疆四百五十萬人受其殘酷不仁的統治，達十二年之久，陸續被殺者，竟至十二萬人之多，以公以私，盛世才都是我們不共戴天的仇家。」、「盛世才殺十二萬人」就是造謠；「新疆四百五十萬人受其殘酷不仁的統治」就是毀謗。即使張大軍所著《新疆風暴七十年》十二册，錄有相當比例的眞實材料，然而評述也失之公允。

至於共產黨批評盛世才的火力，相較於國民黨有過之而無不及。在新疆親蘇友共期間，盛世才與共產黨是濡沫相許的親密戰友，到了反蘇抗共期間，盛世才卻執行了毛澤東的弟弟毛澤民的死刑，遂與共產黨結下深仇大恨。共產黨痛罵盛世才是「投機份子」、是「土皇帝」，一旦有人稍持肯定態度，立刻遭來激烈的批評。例如：趙明寫〈盛世才與中國共產黨〉、〈新疆四小家族與盛世才的道路〉兩篇文章，對盛世才建設新疆給予肯定的評價，立刻引起「不應該把新疆建設成就都寫在盛世才的帳上」的質疑。甚至有本《魔王盛世才》，更是極盡誣蔑之能事，惡意羅織莫須有的情節，加諸在盛世才的身上。

當時中國的政治環境雜亂不堪，國力積弱不振，西方列强鯨吞蠶食，軍閥割據，國共互爭，然新疆獨立於中國之內，如此特殊地位，使國共兩黨的處境極爲尷尬，兩黨的做法不是以偏蓋全貶其爲殺人魔王，便是以浮誇國民黨與共產黨的能耐來掩蓋事實，這些原始資料中有偏見、毀謗、誣蔑、縱容以及謊言。致使後來研究者，對盛世才也不知所措，說好也不是，說不好也不是，導致鮮少有人認眞地審視他在新疆的治績。

如果研究者對文獻的作者及其底蘊不能掌握，或不熟悉民國二十年（西元一九三一年）到民國三十三年（西元一九四四年）間，新疆政壇的眞實狀況，僅根據資料上煽動的字眼，便提高說話的分貝，於是什麼「殺人魔王」，什麼「治新十年，十萬人頭落地」的話語紛紛出籠，全不理會當時盛世才是在什麼樣的環境下，才不得已殺人？那個環境又歷經了什麼樣的變化，而這變化本身的背景爲何？殺人，難道是盛世才在新疆的唯一寫照嗎？

究竟盛世才在新疆主政十年，新疆百姓是否脫離貧困，教育是否普及？他單槍匹馬來到西域，沒有組織，沒有一兵一卒，他憑什麼而能治理新疆十二年？抗戰時期，新疆爲什麼成爲年輕人最嚮往的園地？這些「爲什麼」顯然被人惡意遺忘了，爲什麼？因爲政治。

是的，政治上的激情，使盛世才的作爲，很少得到持平的看法，成了歷史的盲點。我們必須瞭解民國初年的中國，並非處於完全獨立自主的地位，列強在中國的邊疆有著不可一世的姿態，其態度與政策足以影響中國內部的發展，新疆更是在中央鞭長莫及的情況下，任由列强在邊疆發展勢力。因此，要瞭解盛世才的政策，必須先清楚新疆的戰略地位，要瞭解新疆的戰略位置，必須先知曉當時的世界局勢，才能明白新疆爲何成爲世界列强覬覦的地區；明白新疆的戰略地位，才能洞悉新疆的政治環境；見識了新疆的政治環境，才能透析盛世才這個人及他的政策。

如今，盛世才的五弟盛世驥先生，從民國八十五年間開始口述他的大哥盛世才主政新疆十二年的歷史，盛世驥先生年事雖高，對許多事件的時間，無法確切的說明，然而對過往的新疆歷史，依然歷歷如繪，整理者遂收集一些資料，請盛世驥先生回憶，並提出他的看法，許多坊間有關新疆的資料，經由他的講述，慢慢回原歷史的眞相。目的無他，只希望多一種聲音及看法來看待盛世才。至於盛世才的功過，期盼日後相關的黨政秘密資料公諸於世後，能給予他一個不帶任何色彩的評論。

# 跋

西元一九三〇～一九四四年，對很多人來說，是一個遙遠的時代。那時候的新疆，更是中國邊陲上，陽關外，大漠中，孤獨地開發、興建的地方，自左宗棠以來，非常重要的地方。當年在那裡工作，生活的人，現在也九十高齡了。對那一段時空中發生的事情與坊間的書籍不少，但多有雷同。現在盛世驥老先生，願意把當年的親身經驗，以口述歷史的方式，留給我們一份歷史的見證，因爲他是重要的參與者。

每一個硬幣都有二面，每一件交通事故都有人爲和路況的因素，大家都是受害者。盛家有很多人皈依了耶穌基督。今年是千禧年——聖年，是得自由，寬恕和安息的一年。我祈禱，祝福，希望與這一段時空有關係的人，都能體驗到慈悲與憐憫，寬恕與罪赦，和好與治癒。亡者也都得到永遠的安息。痛苦與罪惡是一個奧祕，只有天主是至公義和至仁慈的，因爲天主是愛。

本書因聖母瑪利亞和 SAINT WALBURGA 的代禱，才能順利完成出版，衷心感激。

歐播佳　千禧年春

國家圖書館出版品預行編目資料

我家大哥盛世才 ／盛世驥著. --初版. --
臺北市：萬卷樓, 民 89
面； 公分

ISBN 957-739-260-1(平裝)

1.盛世才-傳記

782.886 89000586

# 蔣介石的封疆大吏——我家大哥盛世才

口 述：盛世驥
整 理：歐播佳
發 行 人：許錟輝
出 版 者：萬卷樓圖書有限公司
台北市羅斯福路二段 41 號 6 樓之 3
電話(02)23216565・23952992
FAX(02)23944113
劃撥帳號 15624015
出版登記證：新聞局局版臺業字第 5655 號
網站網址：http://www.wanjuan.com.tw/
E -mail：wanjuan@tpts5.seed.net.tw
經銷代理：紅螞蟻圖書有限公司
台北市內湖區文德路 210 巷 30 弄 25 號
電話(02)27999490
FAX(02)27995284
承印廠商：晟齊實業有限公司
電腦排版：浩瀚電腦排版股份有限公司
定 價：240 元
出版日期：民國 89 年 8 月初版



ISBN 957-739-260-1